KB211876

내가 사랑하는 교회에게

What Christ Thinks of the Church
by John Stott
Copyright © 1990 Lion Hudson plc/Three's Company
Original edition published in English under the title *What Christ Thinks of the Church* by Lion
Hudson plc, Oxford, England.

All rights reserved.

This Korean Edition Copyright © 2012 by Poiema, a division of Gimm-Young Publishers, Inc.,
Seoul, Republic of Korea.
This Korean Edition is translated and used by arrangement of Lion Hudson plc/Three's
Company through rMaeng2, Seoul, Republic of Korea.

소아시아 일곱 교회에 보내는 주님의 편지

내가 사랑하는 교회에게

존 스토트

윤종석 옮김

포이에마
POIEMA

내가 사랑하는 교회에게

존 스토트 지음 | 윤종석 옮김

1판 1쇄 발행 2012. 10. 12. | **1판 3쇄 발행** 2021. 12. 1. | **발행처** 포이에마 | **발행인** 고세규 | **등록번호** 제300-2006-190호 | **등록일자** 2006. 10. 16. | 서울특별시 종로구 북촌로 63-3 우편번호 03052 | 마케팅부 02)3668-3260, 편집부 02)730-8648, 팩스 02)745-4827

이 한국어판의 저작권은 알맹2 에이전시를 통하여 Lion Hudson plc / Three's Company와 독점 계약한 포이에마에 있습니다. 신 저작권법에 의하여 한국 내에서 보호받는 저작물이므로 무단전재와 무단복제를 금합니다.

값은 뒤표지에 있습니다. ISBN 978-89-97760-15-2 03230 | 이메일 masterpiece@poiema.co.kr | 좋은 독자가 좋은 책을 만듭니다. | 포이에마는 독자 여러분의 의견에 항상 귀를 기울이고 있습니다.

· 본문 사진 ⓒ 홍순화

주의 날에 내가 성령에 감동되어
내 뒤에서 나는 나팔 소리 같은 큰 음성을 들으니 이르되
네가 보는 것을 두루마리에 써서 에베소, 서머나, 버가모, 두아디라,
사데, 빌라델비아, 라오디게아 등 일곱 교회에 보내라 하시기로
─
계 1:10-11

예수님이 생각하시는 교회란 과연 어떤 것일까? 이는 모든 그리스도인에게 대단히 중요한 문제다. 안에 있는 우리가 생각하는 교회상과 밖에 있는 세상 사람들이 생각하는 교회상도 중요하지만, 무엇보다 예수 그리스도께서 생각하시는 교회상이 중요하다. 그분이 곧 교회의 설립자요 머리요 심판자이시기 때문이다.

아무리 보아도 교회는 특이한 공동체다. 팔레스타인에서 작은 모임으로 시작된 교회는 세월이 흐르는 동안 독특한 다인종, 다국적, 다문화 공동체로 발전했다. 다른 종교들은 다분히 특정 민족으로 제한되기에 '민족 종교'라 불러도 무방하다. 오직 기독교만이 진정한 세계 종교라 불릴 수 있다. 예수 그리스도께서 모든 인종, 계층, 종교에서 신봉자들을 얻으셨기 때문이다.

그렇다면 이런 예수님이 생각하시는 교회는 어떤 모습일까? 다행히도 성경이 있기에 우리는 질문에 답할 수 있다. 예수께서 자신의 백성을 향하여 품고 계신 목표가 신약성경에 자세히 나와 있다. 복음서에 기록된 그분의 말씀, 누가가 사도행전에 그려낸 초대교회의 모습, 그리고 사도들의 편지에 담긴 상세한 지침을 보면 우리는 진정한 교회의 본질과 역할을 알 수 있다.

그러나 우리가 쉽게 간과하는 또 다른 정보의 보고가 있는데, 바로 요한 계시록이다. 요한계시록 2장과 3장에는 1세기의 로마 제국에 속해 있던 아시아 주province의 특정한 신앙 공동체들에 보낸 일곱 통의 편지가 수록되어 있다. 편지를 쓴 사람은 요한이지만, 성경에 보면 그 내용을 직접 그에게 불러주신 분은 승천하여 영광을 얻으신 그리스도이시다. 메시지는 각 교회의 특정한 상황과 연관되어 있지만, 그럼에도 거기 다루어진 사안들은 어느 교회에나 다 적용되는 내용이다. 예수님은 시공을 초월하여 자신의 교회에 바라시는 모습을 칭찬과 질책, 경고와 권면을 통해 보여주신다.

이 책의 내용은 1957년에 런던 올 소울즈 교회All Souls Church에서 강해설교 시리즈로 미숙하게나마 첫선을 보였다가 이듬해에 좀 더 다듬어 책으로 출간하였다. 그러던 차에 30년도 훨씬 지난 이번에 완전 개정판을 내게 되었고, 이참에 강해에 사용한 성경 역본도 신국제역NIV으로 바꾸었다.

개정판을 내면서 나는 이 책을 통해 교회의 지도자들이 예수님이 세우신 우선순위를 바로 이해하기를 기도한다. 이 책에는 우리를 회개와 갱신으로 부르는 내용, 우리를 낮추고 부끄럽게 하는 내용, 악한 원수에 대해 경고하는 내용, 우리의 용기와 인내를 불러일으키는 내용이 많이 들어 있다. 예수께서 먼 옛날 아시아의 교회들에 말씀해주신 진리를 오늘날 우리의 교회에 다시 말씀해주시기를, 그리고 우리의 귀가 열려 '성령이 교회들에게 하시는 말씀'을 들을 수 있기를 기도한다.

1990년 2월
존 스토트

이즈미르(옛 이름 서머나) 전경
오늘날 이스탄불, 앙카라와 더불어 터키의 3대 도시이다. 외세의 침략으로
기독교 유적은 많이 사라졌지만, 항구 도시로서의 명성은 여전하다.

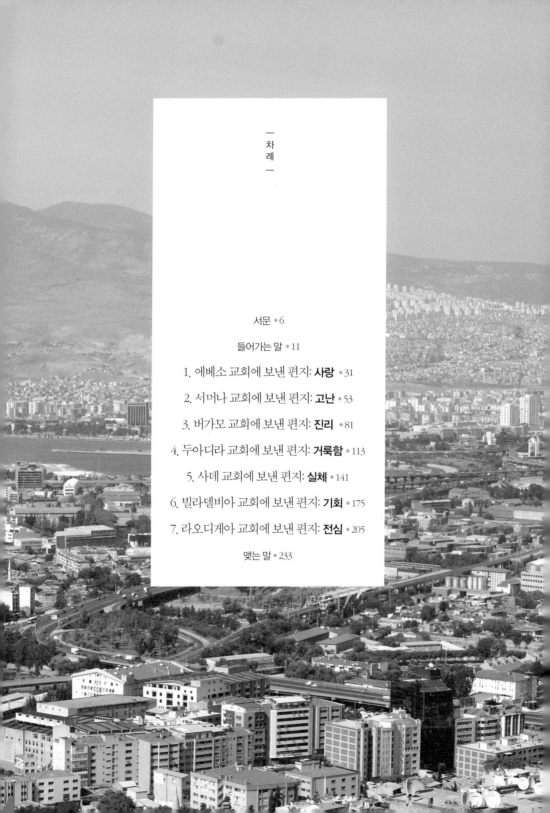

—
차
례
—

"예수 그리스도의 계시라.
이는 하나님이 그에게 주사 반드시 속히 일어날 일들을
그 종들에게 보이시려고 그의 천사를
그 종 요한에게 보내어 알게 하신 것이라."

—

계 1:1

*What Christ
Thinks of the
Church*

INTRODUCTION
들어가는 말

요한계시록 1:1-20

1 예수 그리스도의 계시라. 이는 하나님이 그에게 주사 반드시 속히 일어날 일들을 그 종
들에게 보이시려고 그의 천사를 그 종 요한에게 보내어 알게 하신 것이라.

2 요한은 하나님의 말씀과 예수 그리스도의 증거 곧 자기가 본 것을 다 증언하였느니라.

3 이 예언의 말씀을 읽는 자와 듣는 자와 그 가운데에 기록한 것을 지키는 자는 복이 있나
니 때가 가까움이라.

4 요한은 아시아에 있는 일곱 교회에 편지하노니 이제도 계시고 전에도 계셨고 장차 오실
이와 그의 보좌 앞에 있는 일곱 영과

5 또 충성된 증인으로 죽은 자들 가운데에서 먼저 나시고 땅의 임금들의 머리가 되신 예
수 그리스도로 말미암아 은혜와 평강이 너희에게 있기를 원하노라. 우리를 사랑하사 그
의 피로 우리 죄에서 우리를 해방하시고

6 그의 아버지 하나님을 위하여 우리를 나라와 제사장으로 삼으신 그에게 영광과 능력이
세세토록 있기를 원하노라. 아멘.

7 볼지어다, 그가 구름을 타고 오시리라. 각 사람의 눈이 그를 보겠고 그를 찌른 자들도
볼 것이요 땅에 있는 모든 족속이 그로 말미암아 애곡하리니 그러하리라. 아멘.

8 주 하나님이 이르시되 나는 알파와 오메가라. 이제도 있고 전에도 있었고 장차 올 자요
전능한 자라 하시더라.

9 나 요한은 너희 형제요 예수의 환난과 나라와 참음에 동참하는 자라. 하나님의 말씀과

예수를 증언하였음으로 말미암아 밧모라 하는 섬에 있었더니

10 주의 날에 내가 성령에 감동되어 내 뒤에서 나는 나팔 소리 같은 큰 음성을 들으니

11 이르되 네가 보는 것을 두루마리에 써서 에베소, 서머나, 버가모, 두아디라, 사데, 빌라델비아, 라오디게아 등 일곱 교회에 보내라 하시기로

12 몸을 돌이켜 나에게 말한 음성을 알아보려고 돌이킬 때에 일곱 금 촛대를 보았는데

13 촛대 사이에 인자 같은 이가 발에 끌리는 옷을 입고 가슴에 금띠를 띠고

14 그의 머리와 털의 희기가 흰 양털 같고 눈 같으며 그의 눈은 불꽃 같고

15 그의 발은 풀무불에 단련한 빛난 주석 같고 그의 음성은 많은 물 소리와 같으며

16 그의 오른손에 일곱 별이 있고 그의 입에서 좌우에 날선 검이 나오고 그 얼굴은 해가 힘있게 비치는 것 같더라.

17 내가 볼 때에 그의 발 앞에 엎드러져 죽은 자같이 되매 그가 오른손을 내게 얹고 이르시되 두려워하지 말라. 나는 처음이요 마지막이니

18 곧 살아 있는 자라. 내가 전에 죽었었노라. 볼지어다, 이제 세세토록 살아 있어 사망과 음부의 열쇠를 가졌노니

19 그러므로 네가 본 것과 지금 있는 일과 장차 될 일을 기록하라.

20 네가 본 것은 내 오른손의 일곱 별의 비밀과 또 일곱 금 촛대라. 일곱 별은 일곱 교회의 사자요 일곱 촛대는 일곱 교회니라.

Introduction

"예수 그리스도의 계시라"
–
계 1:1

낯선 세계

요한계시록을 피하는 그리스도인들이 많다. 아무래도 요한계시록은 도무지 이해할 수 없는 책처럼 보이기 때문이다. 사람들은 그동안 들었던 공상적인 해석에 의혹이 생길 수도 있고, 요한계시록에 나오는 온갖 기괴한 이미지에 쉽게 적응이 안 될 수도 있다. 요한계시록을 읽노라면 천사와 귀신과 어린 양과 사자와 말과 용이 나오는 이상하고 낯선 세계로 들어가게 된다. 인印을 떼고 나팔을 부는가 하면 일곱 대접에 담긴 것이 땅에 쏟아지기도 한다. 또 유난히 악한 두 괴물이 등장하는데, 하나는 열 뿔과 일곱 머리를 달고 바다에서 나오고 또 하나는 어린 양의 뿔을 달고 용의 목소리를 내며 땅에서 나온다. 그런가 하면 천둥과 번개와 우박과 불과 피와 연기도 등장한다. 언뜻 보면 책 전체에 괴상하고 신비로운 환상들이 어지럽게 널려 있다.

그렇다고 요한계시록을 그냥 덮어둘 수는 없다. 성경 본문에 밝혀놓았듯이 요한계시록은 하나님이 그분의 종들에게 주신 계시다(1:1). 교회에서 그것을 낭독하는 사람과 듣는 사람들에게는 책 첫머리에 특별한 복이 약속되어 있고(1:3), 감히 메시지를 빼거나 더해서 고치는 사람에게는 책 끝부분에 엄중한 경고가 덧붙어 있다(22:18-19). 뿐만 아니라 어느 세대에서나 하나님의 사람들은 성경의 이 마지막 책을 소중히 여겼고, 수많은 사람들이 도전과 위안을 얻었다. 그러므로 요한계시록을 무시하는 것은 어리석은 일이다.

해석의 단서

이 책에서 우리의 관심은 계시록의 첫 석 장, 그중에서도 특히 2장과 3장에 있다. 거기에는 승천하신 예수께서 로마 제국의 아시아 주에 있던 일곱 교회에 보낸 일곱 통의 편지가 들어 있다. 우선 책 전체의 도입부에 해당하는 1장을 살펴보면, 요한계시록을 바르게 해석하기 위한 몇 가지 중요한 단서가 1절에 나와 있다. "예수 그리스도의 계시라. 이는 하나님이 그에게 주사 반드시 속히 일어날 일들을 그 종들에게 보이시려고 그의 천사를 그 종 요한에게 보내어 알게 하신 것이라." 그리스어 문장의 첫 단어는 *apocalupsis*인데 이 말은 (그에 상응하는 라틴어 단어 *revelatio*와 마찬가지로) '베일을 벗긴다'는 뜻이다. 그러므로 요한계시록 전체는 계시, 즉 그냥 두면 숨겨져 있었을 진리를 하나님이 친히 벗겨주시는 내용이다.

The Seven Cities
소아시아 일곱 교회

Pergamum ✝
버가모

✝ **Thyatira** 두아디라

✝ **Sardis** 사데

Smyrna ✝
서머나

✝ **Philadelphia** 빌라델비아

Ephesus ✝
에베소

✝ **Laodicea**
라오디게아

Patmos
밧모

에게해
Aegean Sea

교회를 향한 계시

우선 이 계시를 주신 대상이 교회라는 단순한 사실부터 짚고 넘어가자. 계시는 하나님이 "그 종들에게 보이시려고" 주신 것이다. 즉 수신자는 하나님의 종들이었고, 이 계시는 바로 그들의 유익을 위해 주어졌다. 그러므로 이 계시를 이해하기도 전에 포기하는 것은 어리석은 일이다. 여기서 우리의 인내심이 필요하다.

예수께서 지시하신 대로 요한이 받아 적은 이 계시는 특히 "아시아에 있는 일곱 교회"에 주셨다(1:4). 잠시 후에 요한이 교회들의 이름을 밝힌 대로 그는 에베소, 서머나, 버가모, 두아디라, 사데, 빌라델비아, 라오디게아에 이 책을 보내야 했다(1:11).

아시아 주의 일곱 도시

로마 제국의 아시아 주는 오늘날 터키의 서해안 지역에 해당한다. 본문에 언급된 일곱 도시를 쭉 이으면 대충 둥그런 모양이 되는데, 편지를 전달하는 일을 맡은 사람이 있었다면 아마 그 도시들을 여기에 나와 있는 순서대로 쭉 돌지 않았을까 싶다. 요한이 유배되어 있던 밧모 섬을 출발하여 뱃길로 먼저 에베소에 도착했을 것이다. 이어 북쪽으로 서머나와 버가모를 거치고 동남쪽으로 두아디라, 사데, 빌라델비아를 지나 라오디게아에서 여정을 마쳤을 것이다. 영국의 고고학자 윌리엄 램지William Ramsay 경의 말대로, 그 사람은 "주에서 가장 인구가 밀집하고 부유하고 영향력 있던 중서부 지역을 하나로 잇는 순환대로"만 따라가면 되었다.

그러나 요한계시록에 담긴 의미가 행여 그 시대에만 국한된다고 생각해서는 안 된다. 예컨대 고린도와 데살로니가에 보낸 바울의 편지가 고린도와 데살로니가의 교인들에게만 아니라, 런던과 뉴욕과 카이로의 우리에게도 하나님의 말씀을 전해주는 것과 마찬가지로, 1세기에 요한을 통해 소아시아의 기독교 공동체들에 주신 예수님의 편지들도 영원한 가치와 보편적인 메시지를 지닌다. 주석가들은 소아시아의 교회의 수가 일곱임을 놓치지 않았다. 요한계시록에서는 숫자가 거의 항상 상징적인 의미를 갖는데, 특히 일곱은 완전과 완성을 뜻하는 수다. 이렇듯 아시아의 일곱 교회는 역사적으로 실존한 교회이면서 동시에 모든 시대, 모든 나라의 지역 교회들을 대표한다.

조직적 박해

당시에 아시아 주의 기독교는 박해에 시달리고 있었다. 로마의 도미티아누스 황제(주후 81-96년 재위)가 통치하던 상황이 요한계시록의 배경이었을 소지가 높은데, 그는 25년 전에 처음으로 그리스도인들을 박해했던 네로의 뒤를 이어 박해의 제2기를 열었다. 네로의 박해가 간헐적이었던 데 비해 도미티아누스의 박해는 좀 더 조직적이었던 것으로 보인다. 네로의 박해는 그 위력이 로마에서만 느껴졌다면, 신적인 추앙에 굶주려 있던 도미티아누스 치하에서는 박해가 소아시아로 퍼져 나갔다. 예수님을 주님으로 섬기는 그리스도인들은 로마 황제를 주님으로 섬겨야 한다는 회유를 받았고, 때문에 양쪽 사이에 전투가 벌어졌다. 그리스도인들의 마음은 잔뜩 긴장되었고, 그중에는 이미 인신공격을 당하는 사람들도 있었다. 사업상의 불매不買

를 당하는 사람들도 있었고, 한두 명은 목숨을 잃기까지 했다. 이렇게 무서운 기세로 불어닥친 폭풍을 교회는 견뎌낼 수 있을 것인가?

소아시아의 교회들은 박해의 위험에만 노출되었던 게 아니라, 반박해야할 오류와 이겨내야 할 죄악도 있었다. 우선 사방에 거짓 선지자들이 나와 믿음이 굳은 신자들까지 이단 사상들로 미혹하려 했다. 게다가 부도덕한 남녀들이 자신의 영향력으로 교회를 오염시키고 있었고, 그리하여 품행의 기준이 떨어지고 있었다.

마귀의 전략

박해와 오류와 죄. 이것은 불가사의한 현상이 아니었다. 요한은 명확한 통찰력으로 그것들의 근원을 지적하는데, 오늘날 우리도 그러한 통찰력을 절실히 회복할 필요가 있다. 박해와 오류와 죄의 근원은 바로 그 배후에서 역사하는 마귀였다. 아시아의 교회들이 처했던 외적인 상황의 배후에 그리스도와 적그리스도, 어린 양과 용, '거룩한 성' 예루살렘(교회)과 '큰 성' 바벨론(세상) 사이의 보이지 않는 전쟁이 있었다. 마귀는 예수님의 교회에 여러 방면에서 동시다발적으로 공격을 퍼부었다. 즉, 박해하는 황제와 그의 부하들을 통한 물리적인 맹습이 있었고, 이단들을 통한 지적인 공격이 있었으며, 기독교의 윤리 기준을 떨어뜨리는 도덕적인 공격이 있었다. 이것이 마귀의 세 가지 전략인데, 요한계시록에는 그것의 상징으로 용의 세 동맹 세력, 즉 바다에서 나온 짐승, 땅에서 나온 짐승(거짓 선지자), 그리고 음녀가 등장한다.

이는 어느 시대에나 그랬으며 마귀의 전략은 달라지지 않는다. 오늘날의 세계를 둘러보아도 동일한 세 가지 문제가 교회들을 괴롭히고 있다. 세상의 일부 지역에서는 물리적 폭력까지 동원하여 복음을 공공연히 적대하는 일들이 벌어지고 있다. 다른 곳에서는 교회들이 결코 타협할 수 없는 교묘한 사상이나 유물론적 철학을 상대로 지적인 싸움을 벌이고 있다. 그런가 하면 세상이 교회를 꼬여 세상의 방식을 본받게 하려는 곳에서는 도덕적인 전투가 벌어진다.

요한계시록은 하나님이 바로 이런 상황에 처한 자신의 종들에게 주신 말씀으로 볼 때에만 비로소 의미를 얻는다. 요한계시록은 세상 속에 있는 교회에 주시는 메시지이다. 환난을 견디고 진리를 굳게 붙들고 마귀의 감언이설을 물리쳐 하나님의 계명에 순종하라고 우리를 부르시는 말씀인 것이다.

예수 그리스도의 계시

계시를 받는 대상이 예수님의 교회들이라면 계시의 내용은 예수님 자신이시다. 요한계시록은 '예수 그리스도의 계시'라는 자체적인 증언으로 시작하여, 맨 마지막의 두 구절에 그분의 이름이 메아리치는 것으로 끝난다 (22:20-21). 흔히 이 책을 '요한계시록'이라 부르는데 그것은 오도의 소지가 매우 높다. 계시가 요한에게 주어진 것은 사실이지만 그 내용은 그리스도를 계시한 것이기 때문이다. 그러므로 책의 대주제는 예수님 자신이시다.

그리스도를 보여주는 환상

배수진을 치고 생존을 위해 싸우는 교회에 필요한 것은 도덕적 권면과 신앙적 당부 이상이다. 즉, 교회는 그리스도 자신을 보아야 한다. 암호로 제시된 세계 역사(일각에서는 요한계시록을 이렇게 생각한다)는 높이 들리신 그리스도를 보여주는 환상에 비하면 달갑지 않은 위로다. 요한계시록이라는 책 전체는 그분을 말해주고 있으며, 따라서 요한계시록을 읽으면서 그분의 모습을 더 선명히 보지 않기란 불가능한 일이다.

그 사실이 1장부터 분명히 나와 있다. 거기 보면 예수 그리스도가 소개될 때 세 가지 인상적인 명칭이 함께 등장하는데, 그때마다 그분이 과거에 이

에베소에 있는 마리아 기념 교회의 유적
에베소는 예수님이 십자가에서 남기신 말씀에 따라
사도 요한이 예수님의 모친 마리아를 모시고 말년을 보낸 곳으로 알려져 있다.

루신 일과 미래에 얻으실 승리가 부연된다(1:5-7). 첫째, 예수님은 '충성된 증인'이시다. 교회의 소명 또한 세상에서 증언하는 것이 아니던가? 그렇다면 교회는 주인이신 그분의 본을 따르면 된다. 예수님은 자신이 진리를 증언하기 위해 세상에 오셨다고 말씀하셨고(요 18:37), 사역을 시작하실 때부터 마치실 때까지 충성하셨다. 그분은 자신이 아는 것을 말씀하시고 본 것을 증언하셨으며(요 3:11), "본디오 빌라도를 향하여 선한 증언"을 하셨다(딤전 6:13). 그분이 고난 중에도 절대 흔들리지 않으신 것처럼 우리도 증언하는 일에 충실해야 한다.

둘째, 예수님은 "죽은 자들 가운데서 먼저 나"신 분이다. 어차피 죽을 생명으로 다시 살아난 사람들은 있었지만 죽지 않을 새 생명으로 살아나신 분은 그분이 처음이다. 기껏 살아났다 다시 죽은 사람들은 있었지만 그분은 살아나셔서 세세토록 살아 계시며 지금도 살아 있는 분이다(1:18). 더 이상 죽음이 그분을 지배하지 못한다. 언제 순교당할지 모르는 박해받는 교회에는 이런 확신이 절실히 필요하다.

셋째, 예수님의 명칭은 "땅의 임금들의 머리"이다(1:5). 땅의 왕들이 교회를 짓밟으려 할지 모르지만 예수 그리스도는 만왕의 왕이시다. 일개 인간이 주님으로 자처하며 그리스도인들의 삶을 지배하려 할지 모르지만 그리스도는 만주의 주이시다. 그분은 모든 나라의 사정과 운명을 주관하시고 땅의 임금들을 다스리시는 분이다. 그분의 제국은 로마의 세력권보다 넓고 그분의 통치는 온 세계에 미친다.

주님께 올리는 찬송

세 가지 명칭에 덧붙여 요한은 우리 주님이 과거에 이루신 일과 미래에 이루실 일을 감동적인 찬송으로 묘사한다. 그분은 우리를 사랑하사 "그의 피로 우리 죄에서 우리를 해방"하셨을 뿐 아니라(1:5), 우리를 나라로 삼으셨다(1:6). 하나님이 시내산에서 이스라엘 백성과 언약을 맺어 그들을 자신의 백성과 나라로 삼아 친히 다스리신 것처럼, 예수님도 자신의 죽음으로 새 언약을 맺으시고 새 나라를 세우셨다. 즉, 교회는 새로운 신정神政 국가다. 그리스도는 우리를 다스리시며 우리는 그분의 나라이다. 아울러 옛 이스라엘과 마찬가지로 새 이스라엘에서도 하나님나라의 시민은 제사장이며, 따라서 그분께 친밀하게 나아가 영적 제사, 즉 예배를 드린다.

뿐만 아니라 우리를 구속하여 나라와 제사장을 삼으신 그분은 어느 날 다시 오실 것이다. "볼지어다, 그가 구름을 타고 오시리라. 각 사람의 눈이 그를 보겠고 그를 찌른 자들도 볼 것이요 땅에 있는 모든 족속아 그로 말미암아 애곡하리니 그러하리라"(1:7). 지금 그분을 경멸하듯이 쳐다보는 눈들이 그때는 공포에 질려 그분을 보게 될 것이다. 그분은 심판자로 오셔서 현세의 악을 바로잡고 굽은 길을 고치실 것이다. 구속될 그날이 가까웠으니 그리스도인들이여, 고개를 들라!

예수 그리스도에 대한 계시는 이렇게 그분의 명칭과 행위로 막을 올리는데, 이것은 맛보기에 지나지 않으며 뒤에 더 풍성한 계시가 차차 이어진다.

요한은 어느 일요일에 유배지에서 예수님이 보이는 환상을 받았는데, 이제부터 그의 기록은 그 환상의 내용으로 이어진다. 그는 자신이 본 그분의 모습을 자세히 묘사하고 있는데, 각 부위마다 의미가 있다. 동시에 그가 사

고대 에베소 인근 셀주크의 요한 기념 교회
6세기 유스티니아누스 황제 시대에 사도 요한의 무덤 위에 지어진 것으로 알려져 있다.

용하고 있는 이미지의 취지가 사생寫生이라기보다는 상징에 있음을 기억하는 것이 중요하다. 환상에 등장하는 다양한 요소들은 그대로 떠올려야 할 사실적인 모습이 아니라 해석을 요하는 중요한 상징들이다. 예컨대 요한이 본 예수님의 입에서는 좌우에 날선 검이 나왔는데, 여기서 우리는 그것을 문자적으로 시각화할 것이 아니라 그분이 발하시는 말씀이 검처럼 예리하게 모든 것을 꿰뚫는다는 사실을 기억해야 한다.

'인자 같은 이'

뒤에서 큰 음성이 나서 요한은 예수님의 모습으로 시선을 돌렸다. 요한이 몸을 돌이켜 보니 일곱 금 촛대와 그 촛대 사이에 '인자 같은 이'가 보였다(1:12-13). 즉, 요한은 인간의 형상을 보았는데, 다만 단순한 인간 이상이었다. 그분은 영광스럽고 기품이 있었으며 다니엘의 환상에 나오는 인자 같았다(참조. 단 7:13-14). 그분은 사실 영광을 얻으신 '인간 예수 그리스도'였다. 그분이 제사장이나 왕이나 재판관이 입는 긴 옷을 입으시고 가슴에 금띠를 띠고 계셨으므로 요한은 대번에 그 옷차림을 알아보았다. 그분의 용모는 남다른 정도가 아니라 경외심을 자아냈으며 거룩했다. 그분은 머리털이 양털이나 눈처럼 희었고, 심판의 불꽃이 번득이는 눈으로 강하게 꿰뚫어 보셨으며, 발은 빛난 주석처럼 강했다. 그리고 목소리는 밧모 섬의 암벽 해안에 부딪치는 파도 소리처럼 쩌렁쩌렁 울렸고 얼굴은 해처럼 빛났다(1:13-15).

그러나 이 환상은 요한 혼자만 깨달으라고 주신 것이 아니다. 이 풍부한 환상을 혼자 독점해서는 안 되었다. 이 환상은 온 교회를 위한 것이었고, 요한이 그것을 받은 것은 다른 사람들에게 전하기 위해서였다. 요한은 "네가 보는 것을 두루마리에 써서 … 일곱 교회에 보내라"(1:11)는 명을 받았다.

환상으로 현시된 그리스도의 모습을 요한은 차마 감당할 수 없어 귀가 멍멍해지고 눈이 머는 것 같았고, "그의 발 앞에 엎드러져 죽은 자"같이 되었다(1:17). 그러나 예수께서 요한의 어깨에 손을 얹으시며 "두려워하지 말라"고 그를 안심시켜 주셨다.

일곱 촛대

자리에서 일어난 요한은 그제야 예수님이 주시는 직설적인 메시지를 소화할 수 있었다. 주님은 자신이 죽음을 이기신 것을 선포하시고 요한에게 이제 본 것과 장차 볼 것을 책에 기록하라고 명하신 다음(1:18-19), 우리가 아직 언급하지 않은 환상의 가장 두드러진 모습 두 가지를 해석해주셨다. 바로 일곱 촛대와 일곱 별에 관한 것인데, 예수님은 그 일곱 촛대 사이에 서서 일곱 별을 오른손에 붙잡고 계셨다. 사실 돌이켜 환상을 보던 순간, 요한의 시선이 맨 먼저 머문 곳은 예수님이 아니라 촛대였다(1:12). 그가 본 것은 과거에 성막의 휘장 밖에 놓여 있던 것처럼 한 촛대에서 일곱 가지가 뻗어나간 촛대가 아니라 각기 별도의 일곱 촛대였다. 물론 촛대마다 불이 켜져 있었을 것이고, 그 사이에 예수 그리스도께서 계셨다. 예수님은 "일곱 별은 일곱 교회의 사자요 일곱 촛대는 일곱 교회니라"(1:20) 하고 설명해주셨다.

여기 '사자'가 무엇인지 우리는 확실히 말할 수 없다. 천국에서 교회들을 대리하고 수호하는 존재들일 수도 있고 이 땅에서 교회들을 통솔하는 사역자나 '감독'들일 수도 있다. 확실한 것은 별과 촛대가 비록 정도는 달라도 모두 빛을 발한다는 점이다. 따라서 예수님의 교회들도 어두운 세상 속에 빛을 발하는 존재가 되어야 한다. 세상의 빛(요 8:12)이신 그분과 또 그분이 그 호칭을 나누어주신 사람들이 아니고는 아무도 어두운 죄와 슬픔을 몰아낼 수 없다. 그분은 산상수훈에서 "너희는 세상의 빛이라.… 너희 빛이 사람 앞에 비치게 하여"라고 말씀하셨다(마 5:14, 16). 그러나 교회가 내는 빛은 달빛처럼 빌려온 것에 지나지 않는다. 별이 빛을 내고 초가 타려면 예수님의 손안에, 예수님의 임재 안에 거해야만 한다.

요한을 통한 계시

우리가 만일 예수님의 메시지가 어떤 특정한 통로를 통하지 않고 교회에 직접 주어진 것처럼 말한다면, 요한계시록 1장에 대한 설명은 완성될 수 없다. 예수님의 이 메시지는 교회에 직접 주신 것이 아니라 요한을 통해 주신 것이다. 계시의 대상은 교회요, 내용은 그리스도이시지만 계시를 주신 통로는 요한이었다. "그 종 요한에게 보내어 알게 하신 것이라"(1:1). 환상을 책으로 써서 일곱 교회에 보내라는 예수님의 명은 두 차례나 반복되며 (1:11, 19), 일곱 통의 편지가 시작될 때마다 매번 다시 등장한다.

요한은 어떤 사람인가?
요한계시록의 인간 저자가 누구인가에 대해서는 지금도 학자들 사이에서 논란이 계속되고 있다. 이 책에서 나는 전통적인 견해를 그대로 취하여, 별다른 수식어 없이 자신을 '요한'이라고만 밝힌 저자가 바로 다른 사도들보다 장수하여 연로하도록 에베소 교회의 지도자로 섬긴 사도이고, 주님께 사랑받은 제자이며, 세베대의 아들이자 야고보의 형제인 그 요한이라고 보았다. 분명히 요한계시록의 저자는 소아시아의 교회들이 권위를 인정한 인물이었고, 그 교회들의 지리적, 사회적, 영적 상태를 잘 알고 있었다.

이 저자와 소아시아 교회들의 관계는 그가 당한 환난을 통해 더 가까워진다. 그는 "나 요한은 너희 형제요 예수의 환난과 나라와 참음에 동참하는 자"(1:9)라고 썼다. 그는 관광객이나 선교사가 아니라 유배자로 밧모 섬에 있었다. 하나님의 말씀과 예수를 증언하였음으로 말미암아 "길이 16킬로미터, 너비 8킬로미터의 황량하고 돌 많은 섬"(찰스R. H. Charles)으로 귀양을 갔던 것이다. 요한은 가르침에 담대했고 증언에 충성했던지라 그 결과로 고난을 당할 수밖에 없었다. 그는 소아시아의 교회들을 삼켰던 환난을 피하지 않았으며, 오히려 고난에 동참했기에 영광에도 동참했다. 그는 그들처럼 자신도 이미 그리스도의 나라의 일원임을 알고 있으며, 그들이 절개와 용기를 잃지 않기를 간절히 바라듯이 자신도 시련 속에서 그것을 배우고 있다.

이 놀라운 계시는 바로 그런 사람, 부름받고 택함받아 충성을 다하여 그리스도의 환난과 나라와 참음에 동참한 그 사람에게 주어졌다. 요컨대 요한계시록은 예수님이 그분의 종 요한을 통해 교회들에게 주신 계시이다.

예수님의 교회관

예수님이 교회를 어떻게 생각하시고 교회를 향하여 뭐라고 말씀하시는지 우리는 다음 장에서부터 자세히 살펴볼 것이다. 예수님은 그렇게 생각하고 말씀하실 권리가 있다. 첫째로, 교회는 그분의 것이다. 그분은 친히 반석 위에 교회를 세우셨으며, 지옥의 권세가 교회를 이길 수 없다고 약속하셨다(마 16:18). 예수님은 교회의 머리이시며 교회의 생명의 근원이시다. 둘째로, 그분은 교회를 훤히 다 아신다. 일곱 통의 편지는 모두 '내가 안다'는 말로 시작한다. 즉, 그분은 "내가 네 행위와 수고와 네 인내를 알고"(2:2), "내가 네 환난과 궁핍을 알거니와"(2:9), "네가 어디에 사는지를 내가 아노니"(2:13), "내가 네 ⋯ 사랑과 믿음과 섬김과 인내를 아노니"(2:19)라고 말씀하신다. 촛대 사이를 다니시며 자신의 교회들을 순찰하시고 감독하시는 그분이야말로 자신의 사람들의 담임목사이시다.

그렇다면 그분의 교회관은 무엇인가? 이어지는 각 편지에서 부활하신 주님은 이상적인 교회상의 특정한 단면을 책망이나 칭찬을 통하여 부각시켜 주신다. 그러한 특성들을 한데 모으면 살아 있는 참 교회의 일곱 가지 표지가 나오는데, 이를 통하여 우리는 교회가 현재 지니고 있는 모습과 마땅히 되어야 할 모습을 예수님이 어떻게 생각하시는지 알 수 있다.

"그러나 너를 책망할 것이 있나니 너의 처음 사랑을 버렸느니라."

-

계 2:4

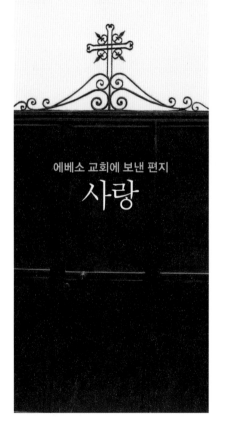

1
–

*What Christ
Thinks of the
Church*

에베소 교회에 보낸 편지
사랑

요한계시록 2:1-7

1 에베소 교회의 사자에게 편지하라. 오른손에 있는 일곱 별을 붙잡고 일곱 금 촛대 사
   이를 거니시는 이가 이르시되

2 내가 네 행위와 수고와 네 인내를 알고 또 악한 자들을 용납하지 아니한 것과 자칭
   사도라 하되 아닌 자들을 시험하여 그의 거짓된 것을 네가 드러낸 것과

3 또 네가 참고 내 이름을 위하여 견디고 게으르지 아니한 것을 아노라.

4 그러나 너를 책망할 것이 있나니 너의 처음 사랑을 버렸느니라.

5 그러므로 어디서 떨어졌는지를 생각하고 회개하여 처음 행위를 가지라. 만일 그리하
   지 아니하고 회개하지 아니하면 내가 네게 가서 네 촛대를 그 자리에서 옮기리라.

6 오직 네게 이것이 있으니 네가 니골라당의 행위를 미워하는도다. 나도 이것을 미워
   하노라.

7 귀 있는 자는 성령이 교회들에게 하시는 말씀을 들을지어다. 이기는 그에게는 내가
   하나님의 낙원에 있는 생명나무의 열매를 주어 먹게 하리라.

에베소의 셀수스 도서관
습기를 막기 위해 이중으로 쌓은 벽 안에 1만 2천 권의
장서를 보관했다고 한다. 독일 고고학연구소의 도움으로 복원되었다.

The Letter to Ephesus
Love

"너의 처음 사랑을 버렸느니라"
—
2:4

에베소는 어떤 곳인가?

일곱 통의 편지 중 첫째 편지의 수신자는 에베소 교회다. 굳이 다른 이유가 없다면, 나머지 여섯 도시보다 밧모 섬에 가까웠기 때문일 것이다. 편지를 소지한 사람은 100킬로미터만 똑바로 항해하면 케이스터 강 어구에 있는 에베소 항구에 닿을 수 있었다.

에베소는 밧모에 가장 가까운 도시였을 뿐 아니라 그 이상의 특징이 있었다. 에베소의 주민들은 자기네 도시를 '아시아의 수도'라 불렀고, 사실에베소는 로마의 한 속주의 수도였다. 또 에베소는 로마에서 동방으로 가는 무역로에 위치해 있었기 때문에 번창하는 상업의 중심지이기도 했다. 디아나(또는 아데미, 즉 아르테미스) 신을 위해 에베소에 지어진 웅장한 이오니아식 신전은 세계 7대 불가사의 중 하나로 지정되어 있다.

바울과 에베소

사도 바울은 제2차 선교 여행에 올랐을 때 에베소를 방문하려다 무산된 적이 있다. 우리는 그 상황을 잘 모르지만 누가의 기록에 따르면 "성령이 아시아에서 말씀을 전하지 못하게 하"셨다(행 16:6).

그러나 돌아오는 길에 잠시 에베소를 방문한 바울은 그곳이 전략적 요충지라는 사실을 확실히 인식했다. 그래서 제3차 선교 여행 때는 곧바로 에베소로 가서 2년 반 정도 머물렀는데, 대중 앞에서 강연하고 집집마다 방문하여 결국 인근 전역에 복음이 퍼졌다. 그러다 아데미 신전에서 팔던 은 신상의 매출이 떨어지게 되자 마침내 폭동이 일어났다. 누가는 사도행전 19장에 그 소동을 생생히 묘사했다.

디모데와 요한

이후에 바울은 에베소를 떠나면서 디모데에게 교회를 맡겨, 사역의 성장을 감독하고 복음의 진리를 수호하게 했다. 로마에 처음 투옥되었을 때 바울은 에베소 교회에 편지를 보냈고, 그 후에도 디모데에게 두 통의 편지를 보냈다.

초기의 전승에 따르면 1세기 말엽에 사도 요한이 디모데를 대신해 에베소 교회의 지도자가 되었고, 그가 쓴 요한일서도 아마 에베소 교회에 보낸 편지였을 것이다. 이제 진리를 전하다 섬에 갇힌 요한은 기회를 얻어 이 사랑하는 교회에 보낼 예수 그리스도의 편지를 받아 적게 된다.

에베소 교회에 주신 칭찬

일곱 통의 편지에서 예수 그리스도는 해당하는 각 교회의 잘잘못을 판단하신다. 서머나 교회는 칭찬만을 듣지만 라오디게아 교회는 엄한 책망만 받는다. 빌라델비아 교회는 책망보다 칭찬이 많은 반면 사데 교회는 칭찬보다 책망이 많다. 에베소, 버가모, 두아디라에 보낸 편지에는 칭찬과 책망이 비슷하게 균형을 이루고 있다.

부활하신 주님은 분명히 교회들의 상태를 평가하여 칭찬하거나 책망하실 수 있는 분이다. 교회의 실상을 완벽하고 정확하게 아시기 때문이다. 이미 살펴본 것처럼 모든 편지는 '내가 안다'는 말로 시작한다. 물론 그분은 아신다. 친히 말씀하신 것처럼 그분은 "오른손에 있는 일곱 별을 붙잡고 일곱 금 촛대 사이를 거니시는 이"다(2:1).

이는 1장보다 훨씬 강한 표현이다. 그분은 별을 그냥 '갖고' 있는 정도가 아니라 붙잡고 계시며, 촛대 사이에 서 있는 정도가 아니라 그 사이를 거니신다. 그분은 교회들의 총감독이시다. "두세 사람이 내 이름으로 모인 곳에는 나도 그들 중에 있느니라"(마 18:20) 하고 말씀하신 분이 아니시던가. 예수님은 자신의 사람들을 찾아와 그들과 함께 거하신다. 그들 사이를 거니시고 그들을 살피시며 그들을 아신다.

에베소 교회에는 예수 그리스도께서 크게 칭찬하실 만한 세 가지 좋은 점이 있었다.

에베소 교회의 행위

주님은 '내가 네 행위를 안다'고 말씀하신 뒤에 즉시 '네 수고'라는 설명을 덧붙이신다. 에베소 교회는 하나님과 인간을 부지런히 섬긴 활동적인 교회였다. 외로운 사람들을 환대하고, 병자들을 간호하고, 젊은이들을 가르치고, 노인들을 방문하는 일에 혼신을 다하는 교인들을 상상하면 된다. 교회를 짓고 수리하는 데 많은 시간을 들인 사람들도 있었을 것이고, 여가 시간을 바쳐 글을 쓰고 음식을 만들고 청소하고 정리한 사람들도 있었을 것이다. 에베소 교회는 정말 벌집처럼 북적이는 곳이었고, 그들의 수고는 유명했다. 모든 교인이 근면하고 성실하게 예수님을 위해 뭔가 하고 있었다.

에베소 교회의 인내

에베소의 그리스도인들은 주변에서 오는 심한 박해를 받고 있었음이 분명하다. 그 도시는 수많은 종교의 집산지였고 아시아 주에서 황제를 숭배하는 중심지였다. 주민들 중에는 동양의 마술을 행하는 사람들도 있었고, 너 나 할 것 없이 소아시아의 어머니 신인 에베소의 위대한 아데미를 깊이 숭상했다. 일찍이 사도 바울이 설교할 때 이 도시에 소동이 일어난 것도 아데미 때문이었다. 공장工匠들이 자기네 은 신상의 매출이 떨어질까 걱정하여 그 기득권을 빼앗기지 않으려고 바울에게 폭력을 가했던 것이다(참조. 행 19장).

바울이 에베소를 떠나 이미 죽은 지 오래였지만, 그리스도인들을 배척하는 분위기는 여전했다. 에베소의 그리스도인들은 미움받는다는 것, 공적인 냉대와 사적인 비방을 당한다는 것이 무엇인지 알았다. 고객을 잃어 사업에 타격을 입은 사람들도 있었다. 많은 상인들이 그리스도인들에게는 물건

을 팔지 않으려 했기 때문에 물자 조달에 어려움을 겪은 사람들도 있었다.

요한계시록의 중반부에 가면, 짐승의 표를 받지 않은 사람은 '거짓 선지자'(또는 '땅에서 올라온 짐승')의 위세 때문에 누구도 물건을 사거나 팔지 못하는 상황이 등장한다(계 13:17). 이것은 아마도 황제나 혹은 아데미를 숭배하지 않는 사람들이 불매의 대상으로 지목되었다는 뜻인 것 같다. 그들은 사회적으로 매장되었을 뿐 아니라 물리적인 폭력까지도 견뎌야 했을 것이다.

그러나 이 모든 환난에도 불구하고 에베소의 교인들은 예수님을 부인하지 않았으며, 그분을 향한 그들의 충정은 견고하여 결코 변하지 않았다. 그래서 주님은 그들에게 "내가 … 네 인내를 알고" 있노라고 말씀하신다(2:2). 이것이 에베소 교회의 두 번째 특징이었다.

에베소 교회의 정통 신앙

예수님이 세 번째로 크게 칭찬하신 에베소 교회의 좋은 점은 그들의 정통 신앙이었다. 니골라당黨이라 불리던(그들 스스로 붙인 이름일 수도 있고 다른 사람들이나 요한이 그렇게 불렀을 수도 있다) 자칭 사도들이 에베소 교회를 찾아왔는데(2:6), 그들이 정확히 누구였고 무엇을 가르쳤는지는 단정하여 말할 수 없다. 초기의 교부들 중 몇 사람은 그들을 사도행전 6장 5절에 나오는 '유대교에 입교했던' 안디옥 사람 니골라의 제자들로 보았다. 그는 실무 사역으로 사도들을 돕고자 선출된 일곱 집사 중 하나였다.

계단식 관객석의 제일 높은 곳에서 바라본 에베소의 대극장
토사가 유입되어 지금은 육지가 되었지만 과거 항구가 있던 곳까지 아르카디우스 대로가 길게 뻗어 있다.

그럴 수도 있고 아닐 수도 있지만, 여기서는 니골라당의 교훈이 대단히 잘못되어 있었음을 아는 것이 중요하다. 그들의 가르침은 특히 부도덕한 삶을 묵과하는 부분에서 변질되어 있었다. 트렌치R. C. Trench 대주교는 그들의 이름도 요한계시록에 나오는 다른 이름들처럼 상징적이라 보고, 그리스어로 니콜라오스Nikolaos라는 단어의 뜻이 이 해로운 분파의 칭호로 제격인 '사람들을 멸하는 자'임을 지적했다. 니골라당은 아시아의 모든 교회에 자신들의 악한 교리를 퍼뜨리고 있었다. 버가모에 보낸 편지에도 그들의 이름이 다시 언급되는데, 니골라당의 교훈에 대해서는 그 부분에서 자세히 살펴볼 것이다. 또한 두아디라와 사데에 보낸 편지에도 그들의 존재가 암시되어 있다.

일찍이 바울은 에베소 교회의 장로들에게 앞으로 이단 교사들이 침입할 것을 경고한 바 있다. 제3차 선교 여행을 마치고 팔레스타인으로 돌아가는 길에 바울의 배는 에베소에서 55킬로미터쯤 떨어진 밀레도에 정박했다. 바울은 장로들을 그곳으로 불러 권면하기를, "내가 떠난 후에 사나운 이리가 여러분에게 들어와서 그 양 떼를 아끼지 아니하며 또한 여러분 중에서도 제자들을 끌어 자기를 따르게 하려고 어그러진 말을 하는 사람들이 일어날 줄을 내가 아노라"(행 20:29-30)고 했다. 정말 그 말대로 이리들이 왔다. 사나운 짐승들이 양 떼 속에 들어온 것이다. 이들 거짓 선지자들은 하나님의 백성들에게 음침하고 위험한 교리를 퍼뜨리고 있었다.

이런 상황에서 에베소의 그리스도인들은 어떻게 했던가? 우선 그들은 들었다. 먼저 잘 들어보지 않고는 니골라당의 교훈이 인간에게서 왔는지, 사탄에게서 왔는지, 하나님에게서 왔는지 구별할 수 없었다. 그래서 그들은 들으면서 구분해냈다. "영들이 하나님께 속하였나 분별"한 것이다(요일 4:1). 그들은 "범사에 헤아려 좋은 것을 취하고 악은 어떤 모양이라도 버"릴 각오가 되어 있었다(살전 5:21-22). 분명히 그들은 생각하고 기도하고 의논했을 것이다. 또 성경을 살피면서, 사도를 사칭하는 무리의 교훈과 자신들이 받은 본래의 사도적인 메시지를 비교했을 것이다. 그렇게 공정히 듣고 세심히 시험한 후에 그들은 니골라당의 가르침을 완강히 거부했다.

그들은 "자칭 사도라 하되 아닌 자들을 시험하여 그의 거짓된 것"을 드러냈다(2:2). 니골라당은 신앙뿐 아니라 행위도 거짓이었다. 예수님은 열매를 보아 나무를 알듯이 선지자도 그 행위로 가려낼 수 있다고 말씀하신 바 있다. 그래서 에베소 교인들은 니골라당의 행위를 조사한 후에 그들을 미워하게 되었다. 부활하신 주님은 그런 에베소 교인들을 칭찬하시면서 "오직 네게 이것이 있으니 네가 니골라당의 행위를 미워하는도다. 나도 이것을 미워하노라" 하고 말씀하셨다(2:6).

에베소 교인들은 속지 않았다. 그들에게는 보기 드문 분별의 은사가 있었다. 그들은 분간하였고, 정통성은 흠이 없었다. 그들은 기독교의 사랑으로 거짓 사도들을 용납할 수 있다고 생각하는 바보가 아니었다. 참사랑은 오류나 악을 받아들이지 않는다. 나는 그들이 니골라당을 미워한 것이 아니라 그들의 행위를 미워하여 철저히 거부했다고 믿는다.

순결한 교회

여러 해가 지난 후에도 이 교회는 여전히 교리적으로 순결하기로 명성을 떨쳤다. 2세기 초에 안디옥의 이그나티우스Ignatius of Antioch 주교는 그들에게 이렇게 썼다. "여러분은 다 진리를 따라 사니 여러분 가운데 이단이 들어설 틈이 없습니다. 여러분은 진리 안에서 예수 그리스도에 관한 말이 아니면 아예 누구의 말도 듣지 않는군요."

에베소 교회는 얼마나 대단한 교회인가! 모든 면에서 모범적인 교회처럼 보인다. 교인들은 섬기느라 바빴고, 고난 중에 인내했으며, 신앙의 정통성을 굳게 지켰다. 이 이상 무엇이 더 필요하겠는가. 그러나 딱 한 가지 부족한 점이 있었고, 이제 예수님은 칭찬에서 책망으로 넘어가 그것을 부드럽게 지적하신다.

에베소 교회에 주신 책망

"그러나 너를 책망할 것이 있나니 너의 처음 사랑을 버렸느니라"(2:4). 초기에는 뜨거운 사랑의 고지에 올라 있던 그들이 이제 거기서 떨어져 무난한 평지로 내려와 있었다. 한마디로 퇴보한 것이다. "불법이 성하므로 많은 사람의 사랑이 식어지리라"(마 24:12) 하고 예수께서 친히 예언하지 않으셨던가. 분명히 에베소의 그리스도인들은 마음이 식어버렸다.

그들이 저버린 처음 사랑이 예수님을 향한 사랑인지 사람들을 향한 사랑인지는 이 말씀만으로는 분명히 알 수 없지만, 구약성경과 연관시켜 추측해보면 전자가 거의 확실하다.

하나님의 신부

하나님은 종종 자신과 이스라엘의 관계를 신랑과 신부의 관계에 비유하셨다. 그분은 한마음으로 이스라엘을 사랑하셨다. "네 때가 사랑을 할 만한 때"(겔 16:8)에 그분은 이스라엘을 취하셔서 그들에게 충절을 맹세하시고 언약을 맺으셨다. 그러나 어이없게도 이스라엘은 다른 남자들 곧 가나안의 신들과 놀아나기 시작했다. 이스라엘은 진짜 남편을 버린 채 그들의 창녀가 되어 불륜에 빠졌다. 그래서 예레미야는 예루살렘의 주민들이 듣는 데서 여호와의 말씀을 선포했다. "내가 너를 위하여 네 청년 때의 인애와 네 신혼 때의 사랑을 기억하노니 곧 씨 뿌리지 못하는 땅, 그 광야에서 나를 따랐음이니라"(렘 2:2).

옛 이스라엘과 여호와의 결혼이 묘사된 것처럼, 신약성경에서 하나님의 새 이스라엘(교회)도 그리스도와 결혼한 것으로 그려진다. 예컨대 바울은 고린도 교회에 이렇게 썼다. "내가 너희를 정결한 처녀로 한 남편인 그리스도께 드리려고 중매함이로다. 그러나 나는 뱀이 그 간계로 하와를 미혹한 것같이 너희 마음이 그리스도를 향하는 진실함과 깨끗함에서 떠나 부패할까 두려워하노라"(고후 11:2-3). 바로 에베소에 그런 성향이 나타나고 있었기 때문에 천국의 신랑은 당연히 그것을 책망하셨다. 그들에게 넘치던 처음의 환희는 사라졌고 예수님을 향한 첫사랑은 식었다. 한때는 그분을 매우 사랑했지만 지금은 그 사랑을 잃어버렸다.

처음 사랑

그래서 신랑은 신부를 타일러 첫사랑으로 다시 돌아오게 하려 하신다.

여호와께서 변덕스럽고 문란한 이스라엘에게 보이셨던 것과 동일한 사랑으로 주 예수님은 교회에게 다시 돌아오라고 호소하신다. 아내의 불륜이라는 고통을 통해 하나님의 꺼지지 않는 사랑을 배운 선지자 호세아는 옛 이스라엘에게 이렇게 하나님의 말씀을 전했다. "그러므로 보라 내가 그를 타일러 거친 들로 데리고 가서 말로 위로하고 … 그가 거기서 응대하기를 어렸을 때와 애굽 땅에서 올라오던 날과 같이 하리라.… 그날에 네가 나를 내 남편이라 일컫고"(호 2:14-16) 다시 "내가 네게 장가들어 영원히 살되 공의와 정의와 은총과 긍휼히 여김으로 네게 장가들며 진실함으로 네게 장가들리니 네가 여호와를 알리라"(호 2:19-20).

사랑의 하나님은 우리가 그분의 사랑에 반응하지 않으면 여전히 슬퍼하시며, 그분을 흠모하는 우리의 마음이 계속 더 깊어지고 자라기를 애타게 바라신다. 이렇듯 사랑은 살아 있는 참 교회의 첫째 표지이며, 사랑하지 않는 교회는 살아 있는 교회일 수 없다. 그리스도인의 삶은 본질적으로 예수 그리스도와의 사랑의 관계다. 처치 아미(Church Army, 영국 성공회에 속한 전도 및 사회봉사 조직으로 1882년에 창시-옮긴이)를 창설한 '사령관' 윌슨 칼라일 Wilson Carlile은 "예수께서 나를 포로로 삼으셨다. 나에게 예수님을 안다는 것은 연애 사건과 같다"고 썼다.

변함없는 사랑

이 사랑이 없다면 교회의 사역은 생명을 잃는다. 사도 바울이 에베소에 보낸 자신의 편지를 "우리 주 예수 그리스도를 변함없이 사랑하는" 모든 사람을 위하여 특별히 기도하면서 마무리한 것은 의미심장한 일이다(엡

6:24). 그로부터 30여 년의 세월이 흘러 이제 에베소 교회에는 이 경고를 중시하지 않는 새로운 세대가 일어났다. 그들의 사랑은 변하고 흔들리고 약해져갔고, 사랑의 물살은 썰물이 되어 계속 빠져나갔다. 그들은 열심히 일했지만 사랑이 없었고, 꿋꿋이 견뎠지만 사랑이 없었으며, 교사들의 메시지가 옳은지 시험했지만 마음에 사랑이 없었다.

사랑이 없는 수고는 고역으로 변한다. 야곱이 라헬을 위해 7년 동안 일할 수 있었던 이유는 오직 사랑 때문이었다. 그는 라헬을 "사랑하는 까닭에 칠 년을 며칠같이 여겼"다(창 29:20). 고난을 참는 것이 사랑으로 순화하여 달콤해지지 않으면 힘들고 쓰라릴 수 있다. 억지로 무관심한 척하며 이를 갈고 주먹을 부르쥐는 것과 역경 앞에서 그리스도인의 사랑으로 미소를 짓는 것은 다르다. 정통 신앙도 사랑이 지닌 온기와 아름다움이 없다면 차갑고 죽은 것이다. 에베소 교인들은 니골라당의 악한 행위와 말을 미워할 정도로 신학의 정도正道를 걸었지만, 오류와 악을 미워하는 것이 곧 그리스도를 사랑하는 것은 아니다.

세상에서 가장 큰 것

신약성경은 사랑이 최고임을 되풀이하여 거듭 강조한다. 헨리 드러먼드 Henry Drummond 교수의 유명한 표현으로 말하자면 사랑은 '세상에서 가장 큰 것'이다. 사실 사랑은 우주에서 가장 크다. 으뜸가는 두 계명은 하나님과 이웃을 사랑하는 것이며, 그래서 사랑은 곧 율법의 완성이다.

바울은 고린도전서에서 사랑이 지식보다 크다고 말한다. 지식은 교만하게 하지만, 사랑은 덕을 세우기 때문이다. 지식은 똑똑한 사람에게 자만심을 불어넣을 수 있지만, 사랑은 견고한 성품을 길러준다. 게다가 지식은 사물과 관계되지만 사랑은 인격과 관계되며 거기에는 하나님의 인격도 포함된다. 교리의 지식은 일방적이고 정지되어 있지만 사랑은 상호적이며 성장하는 것이다(고전 8:1-3).

사랑은 믿음과 소망보다도 크다(고전 13:13). 사랑은 영원불멸하기 때문이다. 사랑은 끝이 없다.

에베소 교회에 주신 명령

예수 그리스도는 에베소든 어디든 교회가 사랑 없는 광야를 헤매도록 차마 그냥 두지 못하신다. 그분은 교회를 소생시키시며, 교회가 사랑의 오아시스로 다시 돌아오도록 부르신다. 그래서 에베소 교회에 세 가지 간명한 명령의 말씀을 주신다(2:5).

기억하라

첫째, 주님은 교회에 이전의 상태를 기억하라고 명하신다. "네가 어디서 떨어졌는지를 생각하라!" 기억은 소중한 선물이다. 뒤돌아보는 것은 죄가 될 수도 있지만 현명한 일일 수도 있다. 소돔의 죄에서 구원받은 우리가 롯의 아내처럼 욕심을 품은 눈으로 그곳을 돌아보는 것은 재앙을 부르는 일이다. 손에 쟁기를 잡고도 아쉬운 듯 세상의 편안한 위안을 돌아보는 것은 하나님나라의 백성이 갖추어야 할 올바른 태도가 아니다. 그러나 하나님이 우리를 인도해오신 길을 쭉 더듬어보는 것은 최소한의 감사를 표하는 태도이며, 한때 하나님의 은혜로 우리가 점령했던 영적인 고지를 돌아보는 것은 회개의 길에 첫발을 내딛는 것이다. 물론 우리는 과거에 살아서는 안 된다. 그러나 과거를 회상하며 우리의 현재를 과거와 비교해보는 것은 수고롭지만 유익한 경험이다.

회개하라

둘째, 주님은 교회에 '회개하라'고 명하신다. 회개란 방향을 바꾼다는 뜻이며, 알고 있는 모든 죄를 단호히 배척한다는 뜻이다. 지금 예수님은 우리에게 감정적인 체험을 만들어내라는 게 아니다. 에베소의 교인들에게 자신의 죄를 유감스럽게 여기라고 말씀하시는 것도 아니다. 중요한 것은 죄에 대한 감정이 아니라 행위다. 유감스럽게 느껴질 때까지 기다려서는 안 된다. 그들은 분명히 죄를 범했고, 그렇기 때문에 회개하여 죄에서 돌이켜야 한다. 굳이 기다릴 필요가 없다. 그들은 우선 이전의 좋았던 모습을 기억한 다음 잘못된 모습을 버려야 한다. 사랑을 잃었음을 고백하고 거기서 돌아서야 한다.

예수님이 주신 이 말씀은 얼마나 사리에 맞고 실제적인가! 우리 중에는 자신의 현재 상태가 잘못되어 있음을 인정하면서도, 감정이 뜨거워져서 저절로 고쳐질 때까지 기다리는 사람들이 너무 많다. 그럴 때 우리는 마치 진흙탕에 빠졌는데도 누가 일으켜주기만 기다리며 하염없이 주저앉아 있는 어린아이와 같다. 그러지 말고 당장 일어나야 한다. 넘어진 것을 아는 순간 바로 일어나야 한다.

에베소 인근 셀주크의 사도 요한 무덤

되찾으라

셋째, 주님은 교회에 이전의 상태를 되찾으라고 명하신다. "처음 행위를 가지라." 이 역시 기다리고 있으면 안 된다. 예수님을 향한 사랑이 식었으니 다시 사랑에 빠질 때까지 기다리라는 뜻은 절대 아니다. 처음 사랑을 저버린 그들은 다시 처음으로 돌아가야 하며, 하나님의 은혜가 있기에 그것은 가능한 일이다. 사랑의 고지에서 떨어진 그들은 다시 돌진하여 그곳을 탈환해야 하고, 한때 가졌다가 잃은 것을 되찾아야 한다. 예수님은 "처음에 내게 품었던 애정을 회복하고 처음 행위를 다시 시작하라"고 말씀하신다. 행위 자체만 보면 사랑 없이 살던 때와 똑같거나 비슷할 수 있지만, 그 몸짓 안에 새로운 힘이 있고 새로운 일편단심과 순전한 동기가 있을 것이다. 또한 많은 시련 속에서도 즐거이 인내하는 새로운 비결이 생길 것이고, 거짓된 교훈과 악한 행위는 계속 미워하되 그것을 행하는 사람들을 향해서는 새로운 관심이 싹틀 것이다. 요컨대 사랑은 에베소의 무대에 펼쳐지는 장면을 반전시킨다.

아울러 예수님은 그저 명령만 내리시는 게 아니라 강력한 논증을 제시하시는데, 이 짧막한 편지는 바로 그 논증으로 끝난다. 즉, 그분은 자신의 지시에 엄숙한 경고와 자비로운 약속을 덧붙이신다.

엄숙한 경고

주님은 그들이 이 명령에 불순종하여 회개하지 않는다면 교회의 존재 자체가 불명예스럽게 끝날 것이라고 경고하신다. "회개하지 아니하면 내가 네게 가서 네 촛대를 그 자리에서 옮기리라"(2:5). 세상에 영원한 안전을 보장받은 교회는 없으며, 교회는 끊임없이 시험받는다. 2세기 초에 안디옥의 이그나티우스 주교가 에베소 교회에 보낸 편지를 보면, 그들이 예수님의 명령을 잘 받들었음을 알 수 있다. 주교는 편지에서 칭찬을 아끼지 않는다. 그러나 이후에 에베소 교회는 다시 침체되어 중세기 즈음에는 기독교의 증언을 완전히 잃고 말았다. 트렌치 대주교에 따르면, 그곳을 방문했던 한 여행객은 "거기서 그리스도인을 세 명밖에 보지 못했는데 그나마 바울과 요한의 이름조차 거의 들어보지 못했을 정도로 무지하고 무관심한 사람들이었다"라고 말했다.

예수님이 에베소 교회에 주신 경고는 오늘날의 우리에게 그대로 적용된다. 우리가 고집스레 예수님을 사랑하지 않는다면 우리의 교회도 불이 꺼질 것이다. 사랑 없는 교회에는 빛도 없으며, 교회는 사랑이 타오를 때에만 빛을 발한다. 그런 의미에서 오늘날의 많은 교회들이 사실상 죽어 있다. 건물은 멀쩡하고 사역자들은 일하고 교인들은 모일지 모르지만, 그들의 촛대는 이미 옮겨졌다. 교회는 어둠 속에 잠겨서 한 줄기도 빛이 새어 나오지 않는다. 사랑이 없기 때문에 빛도 없다. 우리도 너무 늦기 전에 이 경고에 귀를 기울여야 한다.

회개하는 사람들에게 주시는 약속

회개하지 않는 사람들에게 경고하신 예수님은, 이제 회개하는 사람들에게 주시는 약속을 덧붙이신다. "이기는 그에게는 내가 하나님의 낙원에 있는 생명나무의 열매를 주어 먹게 하리라"(2:7). 일곱 통의 편지는 모두 이기는 사람, 즉 편지의 메시지에 순종하여 악과 싸워 승리하는 사람에게 주시는 약속으로 끝난다. 특히 이 경우의 약속은 매우 적절하다. 하나님의 낙원에 있는 생명나무에 자유롭게 다가갈 수 있다는 약속인데, 그 나무의 열매는 타락한 인류에게 여태 금지되어 있었다. 이 열매는 천국에서 누리는 영생을 뜻한다. 그런데 영생이란 곧 하나님과 그분의 아들 예수 그리스도를 알고 사랑하는 것이 아니던가(요 17:3). 그리고 천국은 곧 사랑이 넘치는 곳이 아니던가. 천국은 하나님이 계신 곳이고 하나님은 곧 사랑이시다. 이렇듯 사랑하는 사람이 받는 상급은 천국의 완전한 교제 안에서 누리는 더 깊은 사랑이다.

이 편지에는 사랑을 되찾는 길이 나와 있지 않지만, 요한은 이미 자신의 첫 편지에서 우리에게 그 길을 보여주었다. 거기에 그는 "우리가 사랑함은 그가 먼저 우리를 사랑하셨음이라"(요일 4:19)고 썼다. 하나님이 먼저 우리를 사랑하셨기에 예수님은 우리의 죄를 위하여 십자가에서 죽으셨다. 우리의 죄를 자신의 몸에 지시고 절대적인 희생의 사랑으로 자신을 우리에게 내어 주신 것이다. "그가 우리를 위하여 목숨을 버리셨으니 우리가 이로써 사랑을 알고"(요일 3:16). 이렇듯 십자가는 우리의 사랑에 불꽃을 일게 하는, 활활 타오르는 불이다. 그러나 불씨가 우리에게 옮겨붙으려면 십자가에 바짝 다가가야 한다.

오늘날의 교회도 에베소 교회처럼 해야 할 일이 있고, 싸워야 할 싸움이 있고, 지켜야 할 신조가 있다. 그러나 무엇보다 우리는 처음에 품었던 사랑, '변함없는 사랑'으로 그분을 사랑해야 한다.

"내가 네 환난과 궁핍을 알거니와 … 너는 장차 받을 고난을 두려워하지 말라.
볼지어다. 마귀가 장차 너희 가운데에서 몇 사람을
옥에 던져 시험을 받게 하리니 너희가 십 일 동안 환난을 받으리라.
네가 죽도록 충성하라 그리하면 내가 생명의 관을 네게 주리라."

─

계 2:9-10

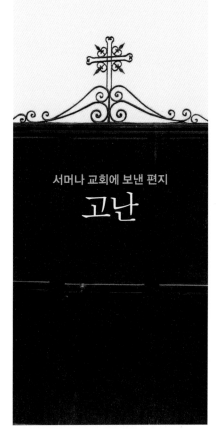

2
–

*What Christ
Thinks of the
Church*

서머나 교회에 보낸 편지
고난

요한계시록 2:8-11

8 서머나 교회의 사자에게 편지하라. 처음이며 마지막이요 죽었다가 살아나신 이가 이
 르시되

9 내가 네 환난과 궁핍을 알거니와 실상은 네가 부요한 자니라. 자칭 유대인이라 하는
 자들의 비방도 알거니와 실상은 유대인이 아니요 사탄의 회당이라.

10 너는 장차 받을 고난을 두려워하지 말라. 볼지어다. 마귀가 장차 너희 가운데에서

몇 사람을 옥에 던져 시험을 받게 하리니 너희가 십 일 동안 환난을 받으리라. 네가

죽도록 충성하라 그리하면 내가 생명의 관을 네게 주리라.

11 귀 있는 자는 성령이 교회들에게 하시는 말씀을 들을지어다. 이기는 자는 둘째 사망

의 해를 받지 아니하리라.

서머나 아고라
터키에서 세 번째로 큰 도시 이즈미르(옛 지명 서머나)의 아고라 유적.
이곳 공공 광장 아고라에서 시민들의 경제 활동과 예술 활동이 이루어졌다.

The Letter to Smyrna
Suffering

"내가 네 환난…을 알거니와…
너는 장차 받을 고난을 두려워하지 말라"
—
2:9-10

살아 있는 참 교회의 첫째 표지가 사랑이라면 둘째는 고난이다. 둘은 자연히 붙어 다닌다. 고난을 달게 받으려는 태도는 곧 사랑이 진실하다는 증거다. 우리는 사랑하는 사람을 위해서라면 고생도 마다하지 않는다. 예수님을 위해 고난받을 각오가 되었던 점으로 보아 서머나의 그리스도인들은 에베소의 그리스도인들처럼 주님을 향한 처음 사랑을 잃지 않았던 것이 분명하다. 베드로와 요한처럼 그들도 "[그리스도의] 이름을 위하여 능욕받는 일에 합당한 자로 여기심을 기뻐" 했다(행 5:41).

현재의 이즈미르Izmir에 해당하는 서머나는 에베소에서 해안을 따라 거의 정북으로 55킬로미터 정도 떨어져 있다. 편지를 배달하는 사람은 일곱 교회를 순방할 때 이곳을 두 번째로 지나갔을 것이다. 주석가들에 따르면 서머나는 일곱 도시 중에서 가장 수려하다. '아시아의 자존심' 으로 자부하던 서머나는 에베소와 민감한 경쟁 관계에 있었다. 외곽에서 도심까지 도로가 잘 닦였고 천혜의 항구 덕택에 무역이 번창했다. 그곳은 "소아시아에서 가장 번성한 도시 중 하나"였다(R. H. 찰스).

우리는 서머나 교회가 언제 세워졌는지 모른다. 사도행전에도 신약의 서신서에도 언급되어 있지 않다. 다만 사도 바울이 제3차 선교 여행의 초반부에 에베소로 가던 길에 그곳을 거쳐 갔다는 초기의 전승이 남아 있다.

그렇다면 승천하신 주님께서 서머나에 있는 자신의 종들에게 주시는 메시지는 무엇일까?

서머나 교회가 예수님을 위하여 견딘 고난

서머나 교회는 고난받는 교회였다. 그들이 과거에 당했고 현재 당하고 있는 환난에 대한 설명, 장차 다가올 더 심한 시련에 대한 경고, 그리고 끝까지 견디라는 격려가 이 편지의 전부이다.

"내가 네 환난…을 알거니와"(2:9). 그들이 받은 고난은 분명히 박해였다. 서머나 교회는 박해받고 있었던 것이다. 믿음의 대적들은 공격적이고 잔인했다. 서머나에서 그리스도인으로 산다는 것은 위험한 일이었고, 예수 그리스도를 따르는 사람들은 어떤 일을 당할지 아무도 몰랐다.

예수인가? 카이사르인가?
박해의 원인은 나와 있지 않지만 우리가 상황을 잠정적으로 재구성해볼 수 있다. 로마를 인격화한 여신인 데아 로마Dea Roma의 신전이 주전 195년에 이미 서머나에 건축, 봉헌되면서 서머나는 로마 제국에 충성을 바친 도시로 명성을 얻었다. 주후 25년을 전후하여 아시아의 많은 도시들이 황제 티베리우스에게 바치는 신전을 건축하여 총애를 얻기 위해 서로 경쟁을 벌였는데, 그 특권은 고스란히 서머나의 몫이 되었다. 당시에 서머나에서 제국과 황제, 즉 로마와 카이사르에 대한 숭배는 분명히 자부심의 문제였을 것이다. 하지만 그리스도인들은 황제의 흉상 앞에서 타오르던 불에 향을 뿌리기를 거부하지 않았을까? 두말할 것도 없이 그것은 우상숭배이기 때문이다. 그들은 예수님을 주님으로 모셨기에 카이사르를 주라 부르지 않았다. 하지만 그리스도인들의 이런 행동을 다른 사람들은 애국심이 없는 수치스러운 모습이나 심지어는 반역으로 보았다.

유대인들은 일반 사람들이 황제를 숭배하지 않는 그리스도인들에게 품은 적대감을 더욱 부채질했다. 제사의 의무를 일체 면제받았던 유대인들은 그 특권을 남용해, 미움받는 나사렛 교도(그리스도인)들을 더욱 괴롭혔던 것으로 보인다. 그러잖아도 제사를 거부하여 눈총을 사던 유대인들은 그리스도인들에게 제사를 강요하고는, 거기에 따르지 않을 경우 중상모략하는 식으로 당국과 대중들의 비위를 맞추었던 것이다.

박해의 주동자 유대인

빌라도에게 예수님을 십자가에 처형하라고 요구할 정도로 지독하고 요란했던 유대인들의 박해는 바울이 선교 여행을 갈 때마다 졸졸 따라다녔다. 비시디아 안디옥에서 무리가 바울의 말을 듣고자 모였을 때, 이를 시기하여 남녀 유력자들을 충동질해 바울과 바나바를 성 밖으로 쫓아내게 한 것도 유대인이었다(행 13:45, 50). 곧이어 그들은 이고니온과 루스드라까지 바울을 쫓아가 사람들을 선동해 그를 돌로 치게 했다(행 14:2, 5, 19). 그들은 또 데살로니가에서는 폭동을 일으켰고(행 17:5-7) 고린도에서는 복음에 어찌나 맹렬히 대적했던지 바울이 옷을 털면서 "너희 피가 너희 머리로 돌아갈 것이요 나는 깨끗하니라. 이 후에는 이방인에게로 가리라"라고 했을 정도다(행 18:6). 바울이 예루살렘에 돌아오자 유대인들은 성전에서 그를 붙잡아 죽이려고 했다(행 21:27). 그 시도가 실패로 돌아가자 그들은 비밀 계략과 공개 고발을 총동원해 어떻게든 바울을 죽이려 했다(행 25:12). 사도행전은 바울이 로마에서 여전히 유대인 지도자들과 변론하면서, 그들을 한심할 정도로 눈멀고 귀먹었다고 질책하는 장면으로 끝난다(행 28:17-28).

복음에 대한 유대인들의 적의는 2세기 중엽에도 나타난다. 바로 이곳 서머나에서 거룩한 주교 폴리카르푸스Polycarpus가 순교한 것이다. 그 내용은 나중에 소개하겠지만 일단 여기서는 그를 사자 밥으로 던져야 한다고 가장 목청 높여 외친 사람들이 유대인들이었다는 사실만 언급해둔다. 마침내 그를 산 채로 불태우라는 지시가 떨어지자 죽음의 장작더미에 가장 열심히 나무를 나른 사람들도 유대인이었다.

그렇다면 서머나 교회에 박해는 어떤 모습으로 찾아왔으며 그리스도인들은 어떻게 고난을 받았는가? 본문에 네 가지 시련이 언급되어 있다.

궁핍

예수님은 '내가 네 궁핍을 안다'고 말씀하신다(2:9). 부유하고 번창한 서

머나에 가난한 시민들이 있었다는 사실은 뜻밖이다. 어쩌면 서머나의 그리스도인들이 사회적으로 낮은 계층 출신일 수도 있다. 우리가 알다시피 "육체를 따라 지혜로운 자가 많지 아니하며 능한 자가 많지 아니하며 문벌 좋은 자가 많지 아니"하기 때문이다(고전 1:26). 그런가 하면 혜택 받지 못한 사람들에게 그리스도인의 사랑으로 아낌없이 구제하느라 정작 교인들 자신이 가난해졌을 수도 있다. 하지만 궁핍이 '환난'의 일부가 된 이유는 이 둘만으로 설명할 수 없다.

그리스도인들은 사업을 정직하게 하겠다는 신념 때문에 불의한 방법을 버렸고, 그러다 보니 손쉬운 이득을 덜 양심적인 사람들에게 놓쳤을 가능성이 높다. 또한 유대인들과 이교도들이 그들과 거래하지 않으려 했을 수도 있다. 아마 그리스도인들은 취직하기도 어려웠을 것이다. 서머나의 교인들 중에는 집을 빼앗긴 사람들도 있을 수 있다. "너희 소유를 빼앗기는 것도 기쁘게 당한 것은 더 낫고 영구한 소유가 있는 줄 앎이라"(히 10:34)는 말씀은 그들을

고대 서머나의 아고라가 있던 곳
오늘날엔 집과 사무실로 둘러싸여 있다.

두고 한 말일지도 모른다. 오늘날에도 그리스도인으로 살아가는 삶이 늘 이익이 되는 것은 아니다. 물질적인 이득이 우리가 바라는 바라면 정직이 언제나 최선일 수는 없다. 빈곤은 종종 예수님을 따르는 제자들이 치러야 할 대가였다.

비방

"내가 … 자칭 유대인이라 하는 자들의 비방도 알거니와 실상은 유대인이 아니요"(2:9). 유대인들은 그리스도인들에 대해 악한 헛소문을 퍼뜨리면서 사람들의 생각에 독을 집어넣었다. 그야말로 혀를 길들일 자가 없으니 혀는 죽이는 악이다(약 3:8). 비방, 즉 모함을 참는 것은 결코 쉬운 일이 아니다. 예수님의 대적들은 거짓을 지어내 그분의 사람들을 '모독blaspheming' (그리스어 원어는 이런 뜻이다) 했다. 그런 그들을 예수님은 하나님의 회당이 아니라 '사탄의 회당'이라고 하신다(2:9; 참조. 3:9). 그들이 그런 행위를 훗날 '마귀'(2:10)로 불리게 될 자기네 우두머리에게서 배웠기 때문이다. 마귀는 '고소하는 자, 중상하는 자'라는 뜻이다. 예수님은 마귀를 "거짓말쟁이요 거짓의 아비"라 부르셨다(요 8:44). 마귀의 추종자들도 마귀처럼 진리를 싫어함은 물론이다.

이상하게도 험담은 사람들의 마음을 끄는 힘이 있다. 잠언에 보면 "남의 말 하기를 좋아하는 자의 말은 별식과 같아서 뱃속 깊은 데로 내려가느니라"(잠 26:22)라고 했다. 서머나의 불신자들은 즙이 뚝뚝 떨어지는 이 별식으로 굶주린 배를 실컷 채웠고, 그들의 이런 비방은 그리스도인들에게 깊은 상처가 되었다. 오해받고 놀림받는 것은 괴로운 일이다. 그럼에도 나는 그들이 겸손하신 주님의 걸음을 뒤따랐다고 굳게 믿는다. 성경에 기록되어 있듯이, 그분은 "욕을 당하시되 맞대어 욕하지 아니하시고 고난을 당하시되 위협하지 아니하시고 오직 공의로 심판하시는 이에게 부탁"하셨다(벧전 2:23).

궁핍과 모함은 서머나 교회가 이미 견디고 있던 환난이었다. 그러나 이제 더 크고 힘든 고난이 다가오고 있었다. 이에 대해 예수님은 "너는 장차 받을 고난을 두려워하지 말라"(2:10)고 하신다.

감옥

"볼지어다, 마귀가 장차 너희 가운데에서 몇 사람을 옥에 던져"(2:10). 초기의 사도들과 사도 바울은 수많은 감옥에 들어가 보았다. 예루살렘과 가이사랴와 빌립보와 로마의 감방들은 그들의 기도와 찬송으로 거룩해졌고, 어둡던 감옥이 그들로 인해 그리스도의 임재로 밝아졌다. 구세군을 창설한 윌리엄 부스William Booth의 딸이 자신의 유명한 찬송 가운데 하나를 작사한 곳도 스위스의 뇌샤텔Neuchâtel 감옥이었다.

내 영혼의 사랑이신 주님
주와 함께 나 이곳에 있네.
주께서 나와 함께 계시니
감옥도 천국으로 변하도다.

죽음

"네가 죽도록 충성하라"(2:10). 박해받는 신자들에게 예수님이 주신 권면은 "나를 위해 죽음을 각오할 정도로"(스위트Swete) 충실하라는 것이었다. 순교가 현실적인 가능성으로 대두될 만큼 복음에 대한 박해가 맹렬했던 것이다. 사실 고금을 통틀어 기독교의 가장 잘 알려진 순교자 중 한 명이 바로 이 서머나 사람이었다. 이번 장 앞부분에 잠깐 언급했지만, 이 편지가 쓰일 당시에 폴리카르푸스는 이미 서머나의 교인이었을 것이다. 사도 요한이 직접 폴리카르푸스를 서머나의 감독으로 임명했다는 테르툴리아누스 Tertullianus와 이레네우스Irenaeus의 증언을 바탕으로, 폴리카르푸스가 서머나 교회의 주임 사역자였다고 주장하는 사람들도 있다. 어쨌든 폴리카르푸스는 이 편지를 읽고 틀림없이 그 메시지를 깊이 생각했을 것이다. 시련의 시간이 닥쳐왔을 때에도 그는 이 편지에서 힘을 얻었을지도 모르는데, 사건의 전말은 다음과 같다.

폴리카르푸스의 죽음

주후 156년경 2월 2일이었다. 교인들의 간청으로 시외에 피신해 있던 덕망 높은 주교 폴리카르푸스는 결국 은신처까지 추적당한 끝에 붙잡혔다. 그는 도망치려 하기는커녕 오히려 자기를 잡으러 온 사람들에게 음식과 물을 대접한 뒤, 잠시 물러가 기도할 시간을 청하여 두 시간 동안 기도했다.

함께 시내로 돌아오면서 담당 장교는 그에게 신앙을 버릴 것을 강요했다. "황제에게 제사를 지내서 나쁠 것도 없지 않소?" 장교는 그렇게 물었지만 폴리카르푸스는 거부했다. 도착하자 그들은 그를 거칠게 마차 밖으로

폴리카르푸스 기념 교회
서머나 교회의 주교이자 순교자인 폴리카르푸스를 기념해 세운 이 예배당은 17세기에 재건한 것이다.

밀쳐내 원형극장에 있던 총독 앞으로 데려갔다. 총독은 그에게 "목숨이 아깝지도 않으냐! … 카이사르의 이름으로 맹세하라"고 권한 뒤 계속 말했다. "맹세하라. 그럼 내가 너를 풀어주겠다. 그리스도를 욕하라!" 그러나 폴리카르푸스는 이렇게 대답했다. "내가 지난 86년 동안 그분을 섬겼거늘 그분은 내게 잘못하신 일이 하나도 없소. 그런데 내가 어찌 나를 구원하신 나의 왕을 모독할 수 있단 말이오?" 그러자 총독은 다시 다그쳤다. "어서 카이사르의 이름으로 맹세하라.… 내게는 사나운 맹수들이 있다. 네가 마음을 바꾸지 않으면 맹수들 앞에 던져버리겠다." 폴리카르푸스가 "맹수들을 부르시오"라고 되받자 곧 이런 답이 돌아왔다. "네가 맹수들을 얕보니 그렇다면 불로 죽여주겠다. 태도를 바꾸지 않는다면 말이다."

그러자 성난 유대인들과 이방인들은 장작을 모아 더미를 쌓았다. 화형대 옆에 선 폴리카르푸스는 자기를 기둥에 묶지 말아달라고 청한 뒤에 이렇게 기도했다. "오 전능하신 주 하나님, 사랑하는 아들 예수 그리스도의 아버지여. 저희는 예수님을 통해 아버지를 알게 되었습니다.… 오늘 이 시간에 저를 그리스도의 잔에 동참하기에 합당한 자로 여기셔서 순교자들의 대열에 두시니 감사합니다." 이윽고 장작더미에 불이 붙었다. 그러나 바람 때문에 불길이 그에게 닿지 않아 고통이 연장되자 한 병사가 칼로 그를 찔렀고, 이로써 폴리카르푸스의 고통은 끝이 났다.

고난으로 부름받은 우리

주님은 서머나 교회만 고난으로 부르신 것이 아니라 어느 시대를 막론하고 모든 교회를 고난으로 부르신다. 신약성경에 보면 고난은 모든 참된 그리스도인과 교회에 필연적으로 따라오는 표지다. 아울러 박해가 불가피하다는 사실도 거듭 강조되고 있다. 산상수훈에서 예수께서 마지막으로 말씀하신 복은 이것이다. "나로 말미암아 너희를 욕하고 박해하고 거짓으로 너희를 거슬러 모든 악한 말을 할 때에는 너희에게 복이 있나니 기뻐하고 즐거워하라. 하늘에서 너희의 상이 큼이라. 너희 전에 있던 선지자들도 이같이 박해하였느니라"(마 5:11-12).

예수님은 또한 이 복과 반대되는 화를 덧붙이셨다. "모든 사람이 너희를 칭찬하면 화가 있도다. 그들의 조상들이 거짓 선지자들에게 이와 같이 하였느니라"(눅 6:26). 이 주제는 그분의 가르침에 한 번이 아니라 번번이 등장한다. "세상이 너희를 미워하면 너희보다 먼저 나를 미워한 줄을 알라"(요 15:18). "내가 너희에게 종이 주인보다 더 크지 못하다 한 말을 기억하라. 사람들이 나를 박해하였은즉 너희도 박해할 것이요"(요 15:20). "세상에서는 너희가 환난을 당하나"(요 16:33). 예수께서 지금 서머나 교회에 말씀하고 계신 궁핍과 모함과 체포와 죽음은 그분이 몸소 다 겪으신 것들이다.

고난은 교회의 보증서다

사도들도 예수님이 가르치신 대로 기록했을 뿐만 아니라, 사역하면서 직접 고난을 체험하고 견뎠다. 바울이 당한 온갖 고난들을 보면 연약한 인간들은 부들부들 떨릴 정도다. 그는 옥에 갇히고 매를 맞고 자기가 탔던 배가 난파되었는가 하면 위험을 무릅쓰고 바다와 강과 육지를 여행했고 무수한 적들의 야만적인 행위에 노출되었다(고후 11:23-27). 그러니 그가 디모데에게 "무릇 그리스도 예수 안에서 경건하게 살고자 하는 자는 박해를 받으리라"(딤후 3:12)고 쓰고, 또 빌립보 교인들에게 "그리스도를 위하여 너희에게 은혜를 주신 것은 다만 그를 믿을 뿐 아니라 또한 그를 위하여 고난도 받게 하려 하심이라"(빌 1:29)고 쓸 수 있었던 것도 당연하다. 이렇듯 믿음과 고난은 그리스도인이 누리는 특권의 단짝처럼 서로 맞물려 있다.

근래에 들어서도 그리스도인 작가들은 고난이 참된 교회의 보증서임을 고백했다. 1945년 4월 9일에 독일의 플로센부르크 수용소에서 힘러Himmler의 직접 지시로 교살당한 루터교 목사 디트리히 본회퍼Dietrich Bonhoeffer는 이렇게 썼다. "그렇다면 고난은 참된 그리스도인이 달 수 있는 배지다. 제

자가 스승보다 나을 수 없는 법이다.··· 루터는 고난을 참된 교회의 표지로 보았다.··· 제자도란 고난받으시는 그리스도께 충성한다는 뜻이다. 따라서 그리스도인들이 고난으로 부름받는 것은 전혀 놀랄 일이 못 된다."《나를 따르라 *The Cost of Discipleship*》 대한기독교서회 역간).

이어지는 기독교 역사에서도 그것은 사실로 입증되어왔다. 우리 시대에도 중국과 네팔 등지의 그리스도인들은 믿음 때문에 고난당했거나 지금도 당하고 있다.

어느 부자의 석관 측면에 새겨진 부조

타협

그렇다면 우리는 어떤가? 고난 앞에서 움츠러드는 것이 육신을 입은 우리의 본성이다. 그래서 부끄럽게도 우리는 타협으로 고난을 피하려는 경향이 있다.

예수 그리스도의 복음보다 더 세상의 박해를 유발하는 것은 없다. 복음은 인간의 무거운 죄와 죄책, 하나님의 진노와 심판, 인간의 힘으로는 구원이 불가능하다는 사실, 십자가의 필요성, 값없이 주시는 영생, 영원한 죽음의 위험 같은 달갑지 않은 교리들을 강조하기 때문이다. 이런 진리들은 인간의 자존심을 상하게 해서 박해를 불러일으킨다. 그래서 설교자들은 "그리스도의 십자가로 말미암아 박해를 면하려"고(갈 6:12) 그런 진리에 침묵하고 싶은 유혹을 느낀다.

정직한 사업, 결혼 전의 순결과 결혼 후의 정절, 탐욕이 아닌 자족, 절제와 자기희생 등 예수님이 내놓으신 도덕 기준도 인기가 없기는 마찬가지다. 이런 기준을 고수하려는 교회는 자신이 속한 곳이 성문 밖의 광야임을 알게 된다. 그러나 우리는 세상을 두려워하고 그 두려움에서 헤어나지 못할 때가 많다. 그래서 우리는 불쾌감을 주지 않기 위해 복음을 희석하고 기준을 낮추는 경향이 있다. 하나님의 칭찬보다 동료 인간들의 칭찬을 더 원하는 것이다.

그렇다고 우리가 순교자 콤플렉스를 품어야 한다거나 일부러 박해를 유발해야 한다는 말은 아니다. 다만 우리가 타협을 덜 한다면 틀림없이 고난이 더 많아질 것이라는 뜻이다. 서머나가 고난받는 교회였던 것은 타협하지 않았기 때문이다.

예수께서 서머나에 주신 편지에 박해에 대한 무거운 경고만 있는 게 아니니 얼마나 다행인가. 거기에는 고난의 부르심과 더불어 은혜의 약속이 함께 나온다. 예수님은 과제 없이 자원만 주지도 않으시고, 자원 없이 과제만 주지도 않으신다. 그분은 우리에게 힘과 능력을 주셔서 그분의 요구에 부응하게 하신다. 고난으로 가득한 이 편지는 그래서 또한 위로와 위안으로 가득하다.

서머나 교회가 예수님께 받은 위로

예수님이 주신 명령은 분명하다. "너는 장차 받을 고난을 두려워하지 말라. … 네가 죽도록 충성하라"(2:10). 두려워하지 말고 신실함(충성)을 다하라는 당부다. 믿음과 두려움은 정반대이며 결코 공존할 수 없다. 믿음은 두려움을 쫓아낸다. 시편 기자는 "내가 두려워하는 날에는 내가 주를 의지하리이다"(시 56:3)라고 고백했다. 주를 의지하는 것 외에 다른 길은 없다. 예수님도 같은 답을 처방해주시며 "두려워하지 말고 믿기만 하라"(막 5:36)고 자주 말씀하셨다. 물론 이것은 믿음보다는 신실함(충성)에 대한 부름이다. 그러나 우리는 믿음과 신실함이 그리스어로 같은 단어임을 기억할 필요가 있다. 신실함(충성)은 믿음에서 나오기 때문이다. 예수님을 믿으면 우리도 믿음직한 사람이 된다. 예수님을 의지하면 우리도 의지할 만한 사람이 된다. 예수님을 신뢰하면 우리도 신뢰할 만한 사람이 된다. 예수님께 믿음을 두면 우리도 신실해지고, 필요하다면 죽기까지 신실해진다. 두려움을 잃는

길은 믿음을 얻는 것이다.

그렇다면 과연 예수님은 우리가 고난 중에도 믿을 만한 분인가? 우리의 믿음은 환난이 닥치면 흔들린다. 그럴 때 어떻게 하면 그분을 향한 우리 믿음이 자라나서, 밝을 때나 어두울 때나 청명할 때나 폭풍 중에나 그분을 온전히 신뢰할 수 있을까? 이 물음에 대한 답은 바로 이것이다. 예수님은 그분의 존재 자체로 인해 무조건 믿을 만한 분이다. 그래서 그분은 자신을 향한 우리의 믿음이 무르익고 성숙할 수 있도록 지금부터 자신에 관한 일곱 가지 진리를 계시해주신다.

예수님은 영원하신 분이다

그분은 '처음이며 마지막'이다(2:8). 그분은 이미 1장에 자신이 그런 존재라고 선포하시면서(1:17) 두려워하지 말라는 명령을 덧붙이셨다. 요한에게 "두려워하지 말라. 나는 처음이요 마지막이니"라고 말씀하신 것이다. 이것은 1장 8절에 주 하나님께서 "나는 알파와 오메가라" 하신 말씀과 같다. 지금 예수님은 하나님의 명칭을 조용히 자신의 것으로 취하신다. 그분은 하나님의 영원한 존재를 공유하시며, 영원부터 영원까지 시작이요 끝이다. 모든 것이 변해도 그분만은 변하지 않으신다. 그분은 "시작한 날도 없고 생명의 끝도 없어"(히 7:3) "어제나 오늘이나 영원토록 동일"하시다(히 13:8). 우리가 태어나기 전부터 그분은 알파였고 우리가 죽은 후에도 그분은 오메가다. 두려움이 마음을 사로잡고 우리의 목숨이 위태로울 때, 처음이요 마지막이신 그분을 믿는 믿음처럼 평정을 가져다줄 수 있는 것은 없다.

터키인 구두수선공

예수님은 승리하신 분이다

그분은 "죽었다가 살아나신 이"다(2:8). 우리는 살다가 죽지만 예수님은 죽었다가 살아나셨다! 그분이 우리에게 죽도록 충성하라고 명하시는가? 그것은 그분 자신이 "죽기까지 복종하셨으니 곧 십자가에 죽으"셨기 때문이다(빌 2:8). 예수님은 죽음을 겪으셨을 뿐 아니라 실제로 정복하셨다. 그것을 믿는다면 아무리 흉포한 죽음도 우리에게 전혀 두려움이 되지 못한다. 약 36시간 동안 그분은 죽음의 손아귀에 잡혀 있었다. 그러나 사흘째 날, 죽음의 감옥을 깨뜨리고 당당한 승리자로 나타나셨다. 이제 그분은 "내가 전에 죽었었노라. 볼지어다, 이제 세세토록 살아 있어"라고 말씀하실 수 있는 '살아 있는 자'이시며 '사망과 음부의 열쇠'가 그분의 손안에 있다(계 1:18). 죽음에 대한 모든 두려움에서 우리를 놓아주시려고 그분은 사망의 세력을 잡은 자, 곧 마귀를 완전히 멸하셨다(히 2:14-15).

예수님은 모든 것을 아신다

그분은 "내가 네 환난…을 알거니와"라고 말씀하신다(2:9). 이 사실은 우리에게 큰 위안이 된다. 힘들 때 우리에게 가장 필요한 것은 내 마음을 털어놓을 수 있는 사람이다. 우리는 자신을 이해해주는 사람에게 짐을 내려놓기를 원한다. 그런데 이제 예수 그리스도께서 우리에게 세상에서 가장 친한 친구가 되어주셨다. 어떤 친구나 고해 신부도 그분이 주실 수 있는 평안과 위안을 우리에게 줄 수는 없다. 그래서 우리는 옛 농장의 노예들처럼 이렇게 노래할 수 있다.

그 누가 나의 괴롬 알며 또 나의 슬픔 알까.
주 밖에 누가 알아주랴 영광 할렐루야.

촛대 사이에 거니시는 주님은 아신다. 저 멀리서 보고 대충 아시는 것이 아니라 우리를 친밀하게 인격적으로 이해하신다. 그분은 한 순간도 우리

곁을 떠나지 않으신다. 우리의 슬픔이 아무리 깊고 고난이 아무리 커도 그분은 다 아시고 돌보아주신다.

예수님은 균형 있게 보신다

그분은 바른 균형 감각과 안목을 갖고 계신다. 그분은 "내가 네 … 궁핍을 알거니와 실상은 네가 부요한 자니라"(2:9) 하고 말씀하신다. 그분의 가치관은 세상과 다르며, 그분은 우리의 물리적인 상황만 아니라 영적인 상황도 함께 보신다. 물론 그분은 가난하고 궁핍하고 압제받는 사람들에게 깊은 관심이 있으시며, 성경에 분명히 그렇게 나와 있다. 그러나 동시에 성경은 세상의 재물이 별로 없는 사람들도 "하나님께 대하여 부요" 하고(눅 12:21), "믿음에 부요" 하고(약 2:5), "선한 사업을 많이 하고"(딤전 6:18), "보물을 하늘에" 둘 수 있다고 덧붙인다(마 6:19-20; 19:21).

물질적으로는 가난해도 우리는 그리스도 안에서 모든 일에 풍족하고(고전 1:5) "측량할 수 없는 그리스도의 풍성함"을 누릴 수 있다(엡 3:8). "부요하신 이로서 너희를 위하여 가난하게 되심은 그의 가난함으로 말미암아 너희를 부요하게 하려 하심이라"(고후 8:9). 이 역설은 바울이 자신과 동역자들을 가리켜 "가난한 자 같으나 많은 사람을 부요하게 하고 아무것도 없는 자 같으나 모든 것을 가진 자"(고후 6:10)라고 선포한 데서 절정에 이른다.

우리는 어떤 기준으로 부를 측정하는가? 트렌치 대주교의 말을 빌리면, 하나님이 보시기에는 "가난하지만 부유한 사람들과 부유하지만 가난한 사람들"이 있다. 하나를 택해야 한다면 부유한 라오디게아 교회처럼 예수님께 "곤고한 것과 가련한 것과 가난한 것과 눈 먼 것과 벌거벗은 것"(계 3:17)

성채 카디페칼레
이즈미르 시내가 한눈에 내려다보이는 파고스 산 정상 부근에 세워져 있다.

을 책망받기보다는 오히려 '가난한 부자'라는 말씀을 듣는 편이 낫다.

서머나에는 자신에 대해 착각하고 있던 무리가 또 있었다. 그들은 "자칭 유대인이라 하는 자들"이지만 "실상은 유대인이 아니요 사탄의 회당"이다 (2:9). 자신이 유대인이라는 그들의 주장은 옳지 않았다. "무릇 표면적 유대인이 유대인이 아니요 … 오직 이면적 유대인이 유대인"이기 때문이다(롬 2:28-29). 그들은 유대인으로 자처하지만 사실은 그렇지 않으며, 그들은 우리가 가난하다고 하지만 이 역시 사실이 아니다. 둘 다 잘못된 판단이다. 그러니 우리는 불신자들의 의견에 너무 신경 쓸 것이 아니라 예수님처럼 생각하는 법을 익혀야 한다. 그분만이 바로 보실 수 있으며, 다른 모든 시각은 사팔뜨기의 시야일 뿐이다.

예수님은 모든 것을 주관하신다

그분이 분명히 허용하지 않으시는 한 어떤 고난도 우리를 삼킬 수 없다. 그분은 우리가 현재 당하고 있는 시련도 훤히 아시고 미래에 당할 환난도 이미 다 아신다. 그래서 그분은 서머나의 그리스도인들에게 장차 올 고난을 경고하면서도 그 고난을 조절해주신다. "볼지어다, 마귀가 장차 너희 가운데에서 몇 사람을 옥에 던져 시험을 받게 하리니 너희가 십 일 동안 환난을 받으리라"(2:10). 그들 중에 오직 몇 사람만 옥에 갇힐 것이며 박해의 기간도 딱 열흘(특정되지는 않았지만 제한된 짧은 기간)이다. 시련을 당할 그리스도인의 수와 기간을 모두 한정하신 셈이다.

하나님이 보좌에 앉아 인간의 만사를 주관하심을 아는 사람들은 세상의 악과 슬픔 속에서도 의연할 수 있다. 욥이 처참한 고난을 당했을 때나 이방의 막강한 제국들이 유다를 침공했을 때처럼 하나님은 서머나 교회를 공격하는 마귀에게도 "더는 안 되고 여기까지만이다!" 하고 분명히 선을 그으신다.

예수님은 뜻을 두고 행하신다

마귀가 서머나의 일부 그리스도인들을 옥에 던진 것은 그들이 '시험을 받게' 하기 위해서였다(2:10). 이것은 사탄 스스로도 인정한 계략이었다. 밀을 까불러 추려내듯 사탄은 신자들을 추려내 겨를 바람에 날리고자 했다(참조. 눅 22:31). 그런데 하나님은 이런 사탄의 제안을 허용하신다. 하나님도 고난에 대해 뜻하시는 바가 있기 때문이다. 그분의 구체적인 뜻은 불확실할 때가 많지만 전반적인 의도는 분명하다. 원수 마귀는 우리를 멸망시키려고 유혹하지만 하나님 아버지는 우리를 연단시키려고 시험하신다. 금이 용광로에서 불순물을 벗고 제련되듯이 핍박의 불은 우리 그리스도인의 믿음에서 찌꺼기를 제하고 성품을 강하게 해준다(약 1:2-4; 벧전 1:7). 그러므로 우리는 시련 너머에 있는 하나님의 뜻을 보고 아픈 연단 너머에 있는 유익을 바라보아야 한다.

예수님은 후하신 분이다

그분은 고난을 끝까지 견디는 그리스도인에게 풍성한 상급을 약속하신다. "네가 죽도록 충성하라. 그리하면 내가 생명의 관을 네게 주리라.… 이기는 자는 둘째 사망의 해를 받지 아니하리라"(2:10-11). 이미 말한 것처럼 각 편지는 적절한 상급을 약속하며 끝난다. 예수님은 '내가 … 주리라' 하고 말씀하신다. 이것은 공로상이 아니라 선물이며 그분의 선물은 후하다. 우리가 견뎌내서 우리의 신앙이 진실하다는 것을 입증하면, 그분의 말씀대로 우리는 '둘째 사망' 곧 지옥을 면하고, '생명의 관' 곧 천국에 들어간다. 우리는 죽기까지 충성해야 할지 모르나 '둘째 사망'이 우리를 주장하지 못하며, 우리는 목숨을 잃을지 모르나 '생명의 관'을 받는다.

'생명의 관'(2:10)은 '생명나무'(2:7)와 같지만 비유가 다르다. 이제 천국은 즐거운 동산이 아니라 경주의 결승점이며, 영생은 맛있는 열매를 맺는 나무라기보다 승자에게 주시는 화환 또는 화관이다. 서머나는 경기장과 운동 시합으로 유명한 도시였으며, 따라서 서머나 교회는 그리스도인의 삶을 경주나 시합으로 생각하기가 어렵지 않았을 것이다. 그런 삶은 부지런한 훈련과 체력과 고된 노력을 요구했다. 속도는 빠르고 경주로는 험했으며 땀과 고통이 있었다. 그러나 처음이요 마지막이신 최고의 승리자께서 저 끝에 서 계시며, 그분의 손에는 모든 이기는 사람에게 주실 생명의 관이 들려 있다.

서머나 교회에 주신 편지는 그들뿐 아니라 우리에게도 준엄한 메시지를 던져 준다. 우리도 진실하면 고난을 받을 것이다. 그러나 두려워하지 말고 충성하자. 처음이요 마지막이며 죽었다가 살아나신 예수 그리스도께서 우리의 시련을 아시고 우리의 운명을 주관하신다. 그리고 경주가 끝나면 우리에게 생명의 관을 씌워주실 것이다.

"네가 어디에 사는지를 내가 아노니 거기는 사탄의 권좌가 있는 데라.
네가 내 이름을 굳게 잡아서 내 충성된 증인 안디바가
너희 가운데 곧 사탄이 사는 곳에서 죽임을 당할 때에도
나를 믿는 믿음을 저버리지 아니하였도다."

–

계 2:13

3
–

*What Christ
Thinks of the
Church*

버가모 교회에 보낸 편지
진리

요한계시록 2:12-17

12 버가모 교회의 사자에게 편지하라. 좌우에 날선 검을 가지신 이가 이르시되

13 네가 어디에 사는지를 내가 아노니 거기는 사탄의 권좌가 있는 데라. 네가 내 이름
    을 굳게 잡아서 내 충성된 증인 안디바가 너희 가운데 곧 사탄이 사는 곳에서 죽임
    을 당할 때에도 나를 믿는 믿음을 저버리지 아니하였도다.

14 그러나 네게 두어 가지 책망할 것이 있나니 거기 네게 발람의 교훈을 지키는 자들이
    있도다. 발람이 발락을 가르쳐 이스라엘 자손 앞에 걸림돌을 놓아 우상의 제물을 먹
    게 하였고 또 행음하게 하였느니라.

15 이와 같이 네게도 니골라당의 교훈을 지키는 자들이 있도다.

16 그러므로 회개하라. 그리하지 아니하면 내가 네게 속히 가서 내 입의 검으로 그들과 싸우리라.

17 귀 있는 자는 성령이 교회들에게 하시는 말씀을 들을지어다. 이기는 그에게는 내가 감추었던 만나를 주고 또 흰 돌을 줄 터인데 그 돌 위에 새 이름을 기록한 것이 있나니 받는 자밖에는 그 이름을 알 사람이 없느니라.

버가모의 아스클레피온
그리스 신화 속의 의술의 신 아스클레피오스를 기려 세워진 신전이다.

The Letter to Pergamum
Truth

"네가 내 이름을 굳게 잡아서 …
나를 믿는 믿음을 저버리지 아니하였도다"
—
2:13

예수님은 버가모 교회에 보내신 편지를 "네가 어디에 사는지를 내가 아노니"(2:13)라는 말씀으로 시작하신다. 그분은 교회 중에 계시며 그들 가운데 다니시기 때문에 잘 아신다. 사실 주님은 그들의 행위(에베소의 경우처럼)와 환난(서머나의 경우처럼)을 넘어서 그들이 살고 있는 환경까지도 낱낱이 아신다. 그분은 '네가 어디에 사는지를 내가 안다'고 말씀하신다. 예수님은 자신의 백성들이 비기독교적인 사회에 둘러싸여 있고, 세상의 기준과 가치관의 압력에 그대로 노출되어 있음을 아신다. 이상한 교리들의 바람과 물결이 그리스도인들의 작은 배를 뒤흔들고, 이방의 다른 종교들이 그들의 성城에 공격을 퍼붓는다. 그래서 그들은 적에게 에워싸인 사면초가의 심정이다.

버가모

그 어느 곳보다 '이교 신앙의 강력한 중심지'로 묘사되는 버가모가 바로 그런 상황에 처해 있었다. 이 도시에서는 총력전이 벌어지고 있었는데, 전투 대원은 사람이 아니라 사상이었고, 관건은 선과 악이 아니라 진리와 오류였다.

서머나가 에베소의 정북 방향에 있듯 버가모도 서머나에서 정북으로 90킬로미터쯤 위에 있다. 그러나 해안가에 자리한 서머나와 달리 버가모는 에게 해에서 25킬로미터쯤 내륙으로 들어와 카이쿠스 강에서 2-3킬로미터쯤 떨어진 골짜기에 위치해 있다. 지금도 버가모를 찾는 여행객은 수많은 신전과 제단에 감탄을 아끼지 않는다. "평지에서 300미터쯤 솟은 가파른 산자락을 버가모의 아크로폴리스가 빙 둘러싸고, 정상 부근에 거대한 제우스의 제단이 있다. 에우메네스 2세가 갈리아 족을 무찌른 부친의 승리를 기념하여 세운 제단이다. 제단에서 얼마 떨어지지 않은 곳에는 우아한 아테네 신전이 있다"(《웨스트민스터 성경 사전*Westminster Dictionary of the Bible*》).

버가모에서 숭배하던 다른 신들로는 디오니소스와 아스클레피오스가 있는데, 특히 '구세주'나 치유의 신으로 숭상받던 아스클레피오스의 웅장한 신전은 지금도 도시 외곽에 그 유적이 남아 있다. 고대 역사가 타키투스와 크세노폰에 따르면 아스클레피오스 숭배는 버가모에 그 본부를 두고 있어, 버가모는 "아시아 성의 중심지요 유명한 의술 학교의 소재지"가 되었다(R. H. 찰스).

황제 숭배

더 주목할 것은 로마와 황제 숭배라는 잘 정착된 종교가 버가모에서 성행한 것 같다는 점이다. 주전 29년에 버가모의 시민들에게 아우구스투스의 신전을 건축하여 봉헌할 수 있다는 허락이 떨어졌는데, 이는 아시아 주 전체에서 아직 살아 있는 황제를 기념하여 짓는 최초의 신전이었다. 3년 후인 주전 26년에는 서머나의 신전이 뒤이어 지어졌다. "이렇듯 버가모는 황제 숭배의 중심지였다"(R. H. 찰스).

이렇게 사교邪敎가 만연한 것으로 미루어볼 때, 버가모에는 그리스도보다 적그리스도가 더 두드러졌던 것으로 보인다. 이런 영향력에 눌리던 교회에 예수님은 어떤 말씀을 주셨을까?

진리에 관심이 많으신 예수님

승천하신 예수님은 진리를 보존하고 전파하는 일에 관심이 많으시며, 이것이 바로 이 편지의 주제다. 그분은 "네가 내 이름을 굳게 잡아서 … 나를 믿는 믿음을 저버리지 아니하였도다"(2:13)라며 버가모 교회를 칭찬하신다. 그러나 그들이 신학적인 확신을 고수했음에도 불구하고 몇몇 거짓 선지자들을 교회 안에 용납했다는 사실에 대해서는 책망을 덧붙이신다. "네게 두

버가모에 있는 아크로폴리스
사진 왼쪽 상단에 거대한 규모의 극장이 남아 있다. 앞쪽에 보이는 유적은 포도,
포도주를 다스리는 그리스의 술의 신 디오니소스 신전의 기단부이다.

어 가지 책망할 것이 있나니 거기 네게 발람의 교훈을 지키는 자들이 있도다"(2:14). 이들은 예수님의 이름을 '굳게 잡은' 것이 아니라 거짓된 이단을 '굳게 잡았고'(그리스어로 같은 동사가 쓰였다), 그래서 천국에 계신 교회의 총감독자께서는 매우 근심하셨다. 복음의 진리를 수호하는 것은 예수 그리스도의 주요 관심사다. 그분은 우리가 그분을 사랑하고 그분을 위해 담대히 고난받기를 바라실 뿐만 아니라 우리가 그분을 믿고 그분에 관한 진리를 굳게 붙들기를 원하신다.

사랑과 진리

놀랍게도 이 편지들을 보면, 살아 있는 참 교회의 첫째 표지는 사랑이고 둘째는 진리다. 성경은 사랑과 진리를 균형 있게 하나로 묶는다. 어떤 그리스도인들은 계시된 진리의 신성함을 망각할 정도로 무턱대고 사랑을 최고로 내세운다. 그들은 "우리의 교리적인 차이를 형제 사랑의 바다에 빠뜨리자!" 하고 외친다. 반대로 사랑을 희생하여 진리를 추구하는 사람들도 있는데, 그것도 오류이기는 마찬가지다. 그들은 매정하고 지독하고 사랑이 없을 정도로 하나님의 말씀에 대한 열의가 대단하다. 진리로 보강되지 않는 사랑은 감정에 빠지고, 사랑으로 유화되지 않는 진리는 무정해진다. 그래서 우리는 성경이 말하는 균형을 지켜야 한다. 성경은 사랑 안에서 진리를 붙들고(엡 4:15), 진리 안에서 사람들을 사랑하며(요삼 1장), 사랑에서만 아니라 분별력에서 자라가라고 말한다(빌 1:9).

모든 사람을 사랑하며 선하게 살기만 하면 무엇을 믿든지 상관없다고 말하는 사람들은 이번 편지를 읽고, 주의하고 배우고 깊이 숙고해야 한다. 우리 주 예수 그리스도의 태도를 생각하고 그분의 사상을 받아들여야 하는 것이다. 그들은 교리에 무관심하지만 예수님은 그렇지 않으시다. 그분은 자신을 '진리'(요 14:6)요 '세상의 빛'(요 8:12)이라 부르셨고, 제자들이 계속 말씀 안에 거하면 진리를 알게 되고 진리가 그들을 자유롭게 하리라고 약속하셨으며(요 8:31-32), 본디오 빌라도에게 자신이 진리를 증언하기 위해 세상에 오셨다고 말씀하셨다(요 18:37). 이렇듯 그분이 진리를 사랑하시고 진리를 말씀하시며 진리 자체이심은 분명한 사실이다. 그런데 그분을 따르는 사람들이 어떻게 진리에 무관심할 수 있겠는가?

버가모 교회의 대다수 교인들은 계속 진리 가운데 행했던 것으로 보인다. 단지 몇몇 사람들이 바른 계시의 좁은 길을 떠나 억측과 오류의 곁길로 빠졌는데, 그들은 정식 교인이었을 수도 있고 그저 얼굴만 내밀던 사람이었을 수도 있다. 그러나 양 떼의 목자장이신 부활하신 그리스도는 소수의 고집과 다수의 무관심을 둘 다 슬퍼하셨다. 그분은 "거기 네게 발람의 교훈을 지키는 자들이 있도다.… 이와 같이 네게도 니골라당의 교훈을 지키는 자들이 있도다"(2:14-15)라고 책망하신다. 진리가 위협받고 점점 잠식되어 가는데도 그들은 관심이 없었단 말인가? 일부에서 예수님의 이름을 욕되게 하며 그분을 믿는 믿음을 거부하고 있는데도 그들은 상관하지 않았단 말인가? 그분은 "그러므로 회개하라"(2:16)고 호령하신다.

진리는 중요한 것인가?

그렇다면 진리란 무엇인가? 빌라도는 예수님께 그렇게 물었지만 "대답을 기다릴 마음이 없었다"(프랜시스 베이컨의 유명한 말). 버가모의 상황은 정말 예수님이 지적하시는 것만큼 심각했을까? 다음 장에서 보겠지만, 버가모와 두아디라에 보낸 두 편지는, 주변적인 사안들에 대해서는 논의와 이견의 여지가 있을 수 있어도 기독교의 핵심 진리들에 대해서는 타협이 불가함을 강변하고 있다. 본질적인 것에는 일치를, 비본질적인 것에는 자유를, 그리고 모든 것에 사랑을 지켜야 한다고 말한 17세기의 루퍼트 멜데니우스 Rupert Meldenius는 얼마나 현명한 사람인가. 교회 안의 인간관계에서 벌어지는 많은 문제는 우리의 균형 감각이 부족하기 때문에 발생한다. 우리는 핵심적인 사안은 경시하고 주변적인 문제는 확대시킨다. 명백히 계시되어 절대 포기할 수 없는 진리들은 양보하면서 정작 하나님이 계시하거나 명하지 않으신 부수적인 문제들과 하찮은 일에는 목청을 높이는 것이다.

그렇다면 기독교의 핵심 진리들이란 무엇인가? 크게 두 가지로 말할 수 있는데, 둘 다 버가모에 보낸 편지에 암시되어 있다.

예수님에 관한 진리

첫째는 예수님에 관한 교리적인 진리다. 예수님이 곧 기독교라는 말은 옳다. 예수 그리스도 그분이 곧 반석이며, 기독교의 신학이라는 건물은 그 위에 세워진다. 그리스도인이 된다는 것은 예수 그리스도를 하나님과 구주로 받아들이는 것이다. 기독교 신앙에 가장 기본이 되는 핵심은 나사렛 예수가 유일한 신인神人으로 우리의 죄를 위해 죽으셨고 죽은 자 가운데서 다시 살아나 세상의 구주가 되셨다는 것이다. 예수님의 인격과 사역에 관한 이런 진리를 우리가 다 이해하지 못할 수는 있으나(사실 다 이해하지 못한다) 그리스도인들은 그것을 믿고 그대로 행동한다. 그리고 확신은 헌신을 낳는다. 신이신 예수님이 '유일한' 주님이실진대 우리는 '내' 주님이신 그분께 복종해야 하며, 신이신 예수님이 '유일한' 구주이실진대 우리는 '내' 구주이신 그분을 믿어야 한다. 예수님을 이렇게 나 개인에게 적용하는 것은 본질에 속한다.

주 예수께서 버가모의 그리스도인들을 묘사하신 두 문구에 이 모든 것이 암시되어 있다. "네가 내 이름을 굳게 잡아서 … 나를 믿는 믿음을 저버리지 아니하였도다"(2:13). 그분이 말씀하시는 '이름'과 '믿음'이란 무슨 뜻인가? 우선 이름은 그분 자신을 가리킨다. 이름은 예수님이 누구이고 어떤 일을 하셨는지를 보여주며, 그분의 신성과 인성 그리고 완성된 구원의 사역을 대표한다. 따라서 그분의 이름을 '굳게 잡는다'는 것은 그분이 주님이요 구주라는 우리의 확신을 굳게 붙잡고 절대 놓지 않는 것이다. '나를 믿는 믿음'이라는 말은 거기서 한 단계 더 깊이 들어간다. 앞에서 보았듯이 예수님이 구주와 주님이라고 지적으로 동의하는 것만으로 부족하다. 우리는 나 개인의 구주와 주님이신 그분을 또한 의지해야 한다. 그분의 이름을 굳게 잡을 뿐 아니라 그분을 믿는 믿음을 구사해야 하는 것이다.

사도들이 신약성경에 더없이 분명히 밝혔듯이, 이런 근본 진리들은 결코 타협할 수 없는 부분이다. 예수님이 하나님이자 곧 인간이라는 사실과 그분만이 이루신 구원의 사역을 부인하는 사람은 결코 그리스도인이라 할 수 없다. 이 부분에서 타협이나 양보는 절대로 있을 수 없다. 요한은 "예수 그리스도께서 육체로 오신 것"을 부인하는 자가 곧 적그리스도라고 했고(요일 2:22; 4:2; 요이 1:7-11), 바울은 은혜로 구원하시는 예수님의 복음 이외에 다른 복음을 전하는 사람은 저주를 받아 마땅하다고 했다(갈 1:6-9).

버가모의 아크로폴리스에 지어진 트라야누스 신전
로마 황제 트라야누스를 숭배하기 위해 지어졌다.

순교자 안디바

이러한 핵심 진리들을 굳게 잡았던 버가모의 그리스도인들은 분명히 혹독한 시험에 부딪혔다. 포기하고 싶은 유혹도 강하게 들었지만, 그들은 예수님을 부인했던 베드로의 비겁한 예를 따르지 않고 견고히 섰다. 예수님을 믿는 믿음을 저버리지 않았고 그분의 이름을 굳게 붙들었던 것이다. 특히 그들 중 한 사람은 혹독한 박해 속에서 죽도록 충성했다. 그에 관해서는 본문에 나와 있는 내용이 전부인데, 이름이 안디바였던 그는 용기 있게 목숨을 바쳤다. 예수님은 '충성된 증인'(1:5; 3:14)이라는 자기 자신의 호칭을 그에게 붙여 "내 충성된 증인 안디바가 너희 가운데 … 죽임을 당할 때"(2:13)라고 애정을 담아 말씀하신다.

안디바가 죽는 장면을 우리는 어렵지 않게 재현해볼 수 있다. 그리스도인이라는 사실이 알려진 그는 총독 앞에 소환되었다. 총독 공관이 버가모에 있었다고 보는 사람들도 있다. 총독은 정치 지도자이면서 또한 황제 숭배를 주도하는 대제사장이기도 했다. 초석 위에 황제의 흉상이 놓여 있고 그 앞에 신성한 불이 타고 있었다. 로마의 신과 신성한 황제에게 제사하는 일은 간단해서, 향 몇 조각을 불에 던지며 "카이사르는 주님이시다"라고 말만 하면 되었다. 안디바도 그렇게만 하면 풀려날 수 있었다. 하지만 그가 어떻게 예수님의 이름과 그분을 믿는 믿음을 부인할 수 있겠는가? 세례받을 때 "예수님은 주님이시다"라는 단순한 말로 자랑스레 믿음을 고백한 그가 아니던가? 하나님이 예수님을 자신의 오른편에 올리셔서 "모든 통치와 권세와 능력과 주권과 이 세상뿐 아니라 오는 세상에 일컫는 모든 이름 위에 뛰어나게 하시고"(엡 1:21) "모든 이름 위에 뛰어난 이름을 주사 … 모든 무릎을 예수의 이름에 꿇게 하시고 모든 입으로 예수 그리스도를 주라 시인하여 하나님 아버지께 영광을 돌리게 하셨"다고(빌 2:9-11) 배운 그가 아니던가? "예수님은 주님이시다"라는 고백은 성령께서 감화를 주신 징표이며, 반면에 하나님의 성령으로 말하는 사람은 누구도 "예수를 저주할 자라 할 수 없음"을(고전 12:3) 교사들에게 확실히 배운 그가 아니던가?

신앙에 극도의 시험이 닥쳤을 때 안디바의 머릿속에 분명히 그런 생각들이 스쳐 갔을 것이다. 그가 흔들렸는지 아닌지 우리는 말할 수 없다. 다만 그가 은혜로 견고히 서서 예수님의 이름을 굳게 붙잡고 그분을 믿는 믿음을 저버리지 않았다는 것을 알 뿐이다. 그는 카이사르의 것은 얼마든지 카이사르에게 돌리더라도 하나님의 것만은 하나님께 돌려야 했고, 따라서 예수님께 속한 호칭을 카이사르에게 돌릴 마음이 없었다. 그의 주님은 카이사르가 아니라 예수님이었으며, 그 결과로 채찍질과 검과 화형 기둥과 사자들이 그를 기다리고 있다고 해도 다를 바 없었다. 그래서 안디바는 '숭고한 순교자들의 반열'에 합류했다. 그는 충성된 증인이었고 자신의 증언을 피로 확증했다.

거룩함에 관한 진리

무슨 일이 있어도 희생할 수 없는 두 번째 핵심 진리는 윤리적인 것, 즉 거룩함에 관한 것이다. 본질상 기독교 신앙이란 한편으로 예수님의 인격 및 사역과, 다른 한편으로 의로운 삶과 관련되어 있다. 기독교는 예수님을 높이고 거룩함을 추구한다. 예수님을 부인하고 악을 좇는 것은 기독교의 성채를 적에게 내주고 진리의 기준을 끌어내리는 꼴이다. 신약성경의 저자들은 이 두 요새를 방어할 것을 강변한다. 그들은 예수님과 복음을 버리는 사람들을 비난할 때와 똑같은 강도로 부도덕한 사람들을 맹렬히 비난한다.

교리와 윤리의 소소한 측면들에 대해서는 이견의 여지가 있을 수 있어도, 예수님과 거룩함이라는 이 두 가지에 대해서만은 일체의 타협 없이 모두가 일심동체가 되어야 한다. 하나님에게서 난 사람들은 예수님을 믿을 뿐 아니라 의를 행하며, 진리 안에 행할 뿐 아니라 빛 가운데 행한다. 그것이 요한일서 전체의 주제다. 예수님이 그리스도임을 부인하는 사람이 거짓말쟁이인 것처럼, 하나님을 안다고 하면서 그분의 계명에 불순종하는 사람도 거짓말쟁이다(요일 2:4, 22). 마찬가지로 바울도 고린도 교인들에게 어떤 그리스도인 형제가 일부러 일삼아 "음행하거나 탐욕을 부리거나 우상숭배를 하거나 모욕하거나 술 취하거나 속여 빼앗거든 사귀지도 말고 그런 자와는 함께 먹지도 말라"고 강권했다(고전 5:11).

니골라당과 발람의 무리

이처럼 버가모 교회에 보낸 편지에 분명히 나오듯이, 우리는 죄를 단호히 거부하고 의를 뜨겁게 사랑해야 한다. 그런데 버가모의 그리스도인들은 '발람의 교훈'과 '니골라당의 교훈'을 지키는 사람들을 버젓이 용납했다(2:14-15). 발람의 무리와 니골라당은 동일한 교사들로 서로 구분되지 않는다는 것이 통념이다. 그들은 에베소 교회에도 있었는데, 이들을 왜 '니골라당'이라고 했는지는 1장에서 이미 살펴본 바 있다. 여기서는 그들과 발람의 관계를 살펴볼 필요가 있다.

특이한 선지자였던 발람의 이야기는 민수기 22-24장에 나온다. 모압 왕

버가모에 있는 고대의 극장
아크로폴리스의 가파른 언덕에 지어졌다.

발락은 그를 불러, 요단강을 건너 약속의 땅으로 들어가기 직전이었던 이스라엘 지파들을 저주하라고 했다. 그러나 발람이 입을 열 때마다 여호와께서 그에게 주신 말은 저주의 말이 아니라 축복의 말이었다. 발락이 내놓는 삯에 탐심이 동한 발람은(참조. 벤후 2:15; 유 1:11) 이스라엘을 몰락시킬 다른 꾀를 생각해냈다. 모압 여자들이 이스라엘 남자들을 유혹해, 우상을 숭배하는 음란한 연회에 참석하게 하면 된다고 발락에게 귀띔한 것이다. 그렇게 되면 이스라엘의 의로우신 하나님이 진노를 발하실 것을 그는 알고 있었다. 그래서 "발람이 발락을 가르쳐 이스라엘 자손 앞에 걸림돌을 놓아 우상의 제물을 먹게 하였고 또 행음하게 하였"다(2:14; 참조. 민 25장; 31:16).

진리를 변질시키는 행위

니골라당이 새 이스라엘에게 한 일은 분명히 발람이 옛 이스라엘에게 한 일과 같았다. 그들은 자신들의 사악한 교리를 교회 안에 교묘하게 퍼뜨렸고, 예수님이 우리에게 주신 자유가 마음껏 죄를 짓는 자유라고 감히 말했다(참조. 갈 5:1). 그들은 "그리스도가 우리를 율법에서 구속하셨으니 우리는 더 이상 율법 아래 있지 않고 은혜 아래 있다"고 주장했을 것이다. 이런 허울 좋은 주장은 "그러므로 우리는 계속 죄를 지어도 된다. 그래야 하나님이 용서하시는 은혜가 우리에게 계속 더할 수 있지 않겠는가"라는 궤변으로 이어졌다(참조. 롬 6:1). 이렇게 진리를 변질시키는 행위는 "우리 하나님의 은혜를 도리어 방탕한 것으로 바꾸고 홀로 하나이신 주재 곧 우리 주 예수 그리스도를 부인하는" 처사다(유 1:4).

그들은 "조금만 우상을 섬기고 조금만 부도덕을 행하자. 우리는 자유로

워졌으므로 극단적으로 살 필요가 없다"고 중얼거린다. 오늘날의 교회들에서도 이런 패역한 논리가 들릴 때가 있다. 사람들은 "이상주의는 소용없다. 알다시피 우리는 다 인간이며 예수님도 우리한테 너무 많은 것을 기대하지 않으신다. 그분은 우리가 진토임을 아시므로 무리한 요구를 하지 않으신다"고 말한다. 그러나 이 문제에 대한 예수님의 시각은 전혀 다르다. 어떤 사본들(예컨대 흠정역)에 보면 15절은 이렇게 끝난다. "니골라당의 교훈을 지키는 자들이 있도다. 나는 그것을 미워하노라." 원문에는 없는 말일 수 있으나 그 내용만은 맞는 말이다. 예수님에게 죄란 "내가 미워하는 가증한 것"이다. 에베소 교회는 '니골라당의 행위'를 미워했고(2:6) 그 거룩한 증오로 인해 칭찬을 받았다. 예수님은 에베소 교회에 보낸 편지에 "나도 이것을 미워하노라"고 덧붙이기까지 하셨다. 그러나 에베소 교회가 미워한 것을 버가모 교회는 용납했다. 그래서 예수님은 이 교회에 '회개하라'고, 오류와 악을 회개하라고 촉구하신다(2:16). 이런 것들에 물든 교회를 그분은 깊이 걱정하신다.

오류의 근원을 바로 아시는 예수님

지금까지 진리에 대한 예수님의 관심을 생각했으니 이제 오류의 근원에 대한 그분의 인식을 살펴볼 차례다. 오류의 근원은 다름 아닌 마귀다. 버가모 교회가 살고 예배하고 증언한 곳은 '사탄이 사는 곳', '사탄의 권좌가 있는 데'(2:13)였다. 사탄은 버가모에 살았을 뿐 아니라 그곳을 지배했다. 문맥을 보면 버가모의 일부 교인들이 빠져 있던 오류들의 근원은 곧 사탄이었다.

우리는 중세 시대의 만화에 나오는 사탄의 모습을 머릿속에서 지워야 한다. 거기서 뿔과 발굽과 꼬리를 없애고 나면 성경에서 말하는 사탄의 모습이 나온다. 사탄은 고도로 지능적이고 권능이 대단하며 사악하기 이를 데 없는 영적인 존재다. 예수님도 사탄의 존재를 믿으셨을 뿐 아니라 우리에게 그의 위력을 경고하셨다. 그분은 그를 '이 세상의 임금'(요 12:31)이라 부르셨고, 바울은 그를 '공중의 권세 잡은 자'(엡 2:2)라 불렀다. 이렇듯 사탄은 보좌와 나라를 거느리고 있으며, 휘하에는 성경에 "이 어둠의 세상 주관자들과 하늘에 있는 악의 영들"(엡 6:12)로 묘사된 악령들의 군대가 있다.

전복된 사탄

그러나 사탄과 그의 세력들은 이미 전복되었다. 예수님은 사탄이 하늘에서 번개처럼 떨어지는 것을 보셨다(눅 10:18). 나중에 요한은 요한계시록에 용과 그의 사자들이 미가엘과 그의 사자들에게 패한 후에 내쫓겼다고 말한다(계 12:7-12). 십자가에서 예수님은 모든 악의 세력과 대항하여 이기셨다. 그들이 바짝 조여오자 그분은 더러운 옷처럼 그것들을 벗어버려 "드러내어 구경거리로 삼으시고 십자가로 그들을 이기"셨다(골 2:15). 비록 그 과정에서 예수님의 발꿈치가 상하시긴 했으나 사탄은 머리를 상했다(창 3:15).

그러나 어둠의 주관자들은 이처럼 무너졌음에도 아직 패배를 인정하지 않고 있다. 지금도 그들은 자기네 영토를 한 치라도 넓히려고 싸우고 있다. 사탄의 나라는 하나님나라가 진보할 때만 퇴각한다. 안타깝게도 사탄이 거의 전권을 휘두르다시피 하는 곳들도 있는데, 버가모가 바로 그런 곳이었

신성한 샘
버가모의 아스클레피온(의술의 신 아스클레피오스의 신전) 안에 있다.

다. 이 교회에게 예수님은 "네가 어디에 사는지를 내가 아노니 거기는 …
사탄이 사는 곳"이라고 말씀하신다(2:13). 무수한 신전과 사당과 제단, 미로
처럼 얽힌 반기독교적인 철학들, 율법 무용론을 외치는 니골라당과 발람의
무리에게 은신처를 내준 일, 이 모든 것은 하나같이 악한 자가 그곳을 지배
하고 있다는 강력한 증거였다. 예수님은 '옛 뱀'(계 12:9)인 사탄을 언급하시
면서 뱀을 상징물로 삼는 아스클레피오스의 이단을 암시하셨을 수도 있다.
또 사탄의 '권좌'란 "아크로폴리스 바위에 판 좌대에서 그 일대를 호령하는
듯 보였던"(스위트) 제우스의 거대한 제단을 가리키는 것일 수도 있다.

그러나 사탄의 협박은 주로 황제 숭배를 강요하는 것으로 나타났다. 안
디바도 바로 거기에 동조하지 않아 목숨을 잃었으며, 여기에서 용의 권세
가 가장 눈에 띄게 나타났다.

어두운 곳

버가모는 이처럼 어두운 곳이었다. 진리의 빛은 가물가물 새어들 뿐이었
고 오류의 짙은 안개가 그곳을 덮고 있었다. 사탄의 영역은 '어둠의 권세'
(눅 22:53)가 있는 곳이기 때문이다. 사탄은 '이 어둠의 세상 주관자'이며(엡
6:12) '빛을 미워'한다(요 3:20). 성경은 그를 거짓말쟁이요(요 8:44) 미혹하
는 자라 부르며, 그는 또 불신자들의 마음을 혼미하게 하는 자다(고후 4:4).
그는 인간들을 유혹해 죄를 짓게 할 뿐 아니라 그들을 속여 오류에 빠뜨린
다. 요한계시록 후반부에 용의 동맹 세력들이 나오는데, 그중 하나는 '땅에
서 올라' 온 짐승으로 후에 '거짓 선지자'로 불리며, 그의 임무는 "땅과 땅
에 사는 자들을 처음 짐승에게 경배하게" 하는 것이다(계 13:11-12; 19:20).

이 '처음 짐승'은 바다에서 나와서 숭배받는 점으로 미루어, 박해자 로마 제국을 가리키는 것으로 보인다. 그렇다면 둘째 짐승은 황제 숭배를 가리킬 것이다.

황제 숭배는 이미 사라진 지 오래되었지만 '거짓 선지자'는 아직 죽지 않았다. 그는 참 기독교가 아닌 다른 모든 철학과 종교 속에 다시 살아서, 예수 그리스도께만 합당한 영광을 다른 것들에게 돌리려 안간힘을 다하고 있다. 이것이 적그리스도의 영이며 이것이 사탄이 하는 일이다.

반드시 진리로 오류를 이기시는 예수님

예수님은 교회가 진리 안에 서는 데 관심이 많으시고 오류의 근원을 바로 아실 뿐만 아니라 또한 반드시 진리로 승리하신다. 그분은 중대한 오류를 제멋대로 가르치게 둔 버가모 교회에게 회개할 것(2:16)과 거짓을 이길 것을 명하신다. 그리고 승리의 길과 그에 따른 상급을 일러주신다.

승리의 길은 곧 그분의 말씀이다. 오류의 세력들을 물리칠 수 있는 유일한 무기는 예수님의 말씀이다. 그분이 요한에게 편지를 불러주시면서 자신을 "좌우에 날선 검을 가지신 이"(2:12)라고 표현하신 것도 무리가 아니다. 요한은 승천하신 그리스도의 환상을 보고 그 모습을 1장에 묘사했는데, 거기 보면 그분의 입에서 좌우에 날선 검이 나왔다(1:16). 이 검은 그분의 입에서 나오는 진리의 말씀을 상징한다. 예수님 자신이 곧 '하나님의 말씀'이시다(19:13; 참조. 요 1:1).

좌우에 날선 검

입에서 검이 번쩍이는 예수님의 모습을 상상하면 아주 이상할 것 같지만 "로마의 단검이 혀 모양이었던 점을 생각한다면 언뜻 보이는 것처럼 그렇게 이상하지는 않다"(헤이스팅즈Hastings, 《성경 사전Dictionary of the Bible》). 이미 이사야의 예언에서, 그리스도를 예표하는 여호와의 종은 자신에 대해 "내 입을 날카로운 칼같이 만드시고"(사 49:2)라고 말했다. 사도 바울은 하나님 말씀을 "성령의 검"(엡 6:17)이라 했고, 히브리서에는 그분의 말씀이 "살아 있고 활력이 있어" 과연 "좌우에 날선 어떤 검보다도 예리하여 혼과 영과 및 관절과 골수를 찔러 쪼개기까지 하며 또 마음의 생각과 뜻을 판단"한다고 되어 있다(히 4:12). 검의 양날이 신약과 구약을 대표한다는 테르툴리아누스와 아우구스티누스의 말에 우리가 동의하든 그렇지 않든, 성경은 검과 비슷한 특성을 많이 가지고 있다. 성경은 양심을 찌르고 죄인들의 교만에 상처를 낸다. 성경은 우리의 위선을 잘라내고 변명을 관통한다. 성경은 예리하고 날렵한 비수로 우리의 죄와 욕망을 들추어내고 모든 거짓된 교리를 죽인다.

오류를 이기는 하나님의 방법은 곧 그리스도의 복음을 선포하는 것이다. 복음은 모든 믿는 사람에게 구원을 주시는 하나님의 능력이다. 무시무시한 종교 재판, 이단자들을 화형에 처하는 방법, 법령을 통한 규제 따위로는 오류를 억누를 수 없다. 사상은 무력으로 정복될 수 없기 때문이다. 진리만이 오류를 이길 수 있으며, 세상의 그릇된 사상들은 예수님의 우월한 사상으로만 전복될 수 있다. 우리에게는 이 검 외에 다른 무기가 없다. 우리는 그 검을 용감무쌍하게 사용해야 한다.

심판의 메시지

어느 날 그 동일한 검의 기능이 바뀌어 진리의 메시지는 심판의 메시지가 되고, 양심을 찌르던 검은 영혼을 멸하는 검이 될 것이다. "내가 네게 속히 가서 내 입의 검으로 그들과 싸우리라"(2:16: 참조. 계 19:15, 21). 발람 자신도 검에 죽었고(민 31:8: 수 13:22) 버가모에 있는 발람의 무리도 동일한 운명에 처할 것이다. 다만 이번에는 검이 예수님의 말씀이다. 순종하는 사람들을 구원하는 예수님의 복음이 불순종하는 사람들을 멸하는 것이다.

성경에 하나님의 심판에 관해 확실한 것이 있다면, 하나님이 우리의 반응에 대해 책임을 물으시되 우리가 알고 있는 진리의 분량대로 물으신다는 것이다. 받은 계시가 많은 사람들에게는 많은 것을 요구하신다. 예수님은 그 시대의 사람들에게 이렇게 말씀하셨다. "사람이 내 말을 듣고 지키지 아니할지라도 내가 그를 심판하지 아니하노라. 내가 온 것은 세상을 심판하려 함이 아니요 세상을 구원하려 함이로라. 나를 저버리고 내 말을 받지 아니하는 자를 심판할 이가 있으니 곧 내가 한 그 말이 마지막 날에 그를 심판하리라"(요 12:47-48). 예수님의 구원의 말씀이 곧 심판자가 되고, 그분의 유익한 검이 곧 형 집행자로 변하는 것이다.

오류를 이기는 하나님의 무기에 대해 짧게 말씀하신 예수님은 이제 이기는 사람, 곧 그분의 말씀을 듣고 받아서 깨닫고자 하고 그대로 살고자 힘쓰는 사람들에게 주실 상급을 묘사하신다. "이기는 그에게는 내가 감추었던

아치형 기둥들
버가모에 있는 극장의 계단식 관객석을 떠받치고 있다.

버가모 지역 어느 마을의 골목을 걷고 있는 학생들

만나를 주고 또 흰 돌을 줄 터인데 그 돌 위에 새 이름을 기록한 것이 있나니 받는 자밖에는 그 이름을 알 사람이 없느니라"(2:17).

감추었던 만나

참으로 귀하고 귀한 두 선물은 바로 감추었던 만나와 새 이름이 기록된 흰 돌이다. 이 두 선물은 무엇을 뜻할까? 만나가 감추어져 있다는 것은 언약궤 안에 두었던 '만나의 금 항아리'를 암시한다고 볼 수 있다(출 16:32-34; 히 9:4). 그러나 만나 그 자체는 곧 예수님이다. 하나님의 백성이 광야에서 만나를 먹은 것처럼, 오늘날 우리의 영적인 굶주림은 생명의 떡이신 예수님으로 채워진다. 그분은 오천 명을 먹이신 후에 자신이 "하늘에서 내려 세상에 생명을 주는" '참 떡'이라 하셨고(요 6:31-35), 또 "사람으로 하여금 먹고 죽지 아니하게 하는 … 하늘에서 내려온 살아 있는 떡"이라 하셨다(요 6:48-51). 그러나 일곱 통의 편지의 끝머리에 약속된 상급은 모두 이 땅이 아닌 천국에서 유업으로 받을 상급이다. 그러므로 감추었던 만나란 우리가 현재 맛보고 있는 예수님보다 더 풍성한, 우리를 기다리고 있는 천국의 성찬이다. 이생에서 푸짐한 우상의 고기를 거부하면 내생에 더 풍성한 잔치가 있다.

흰돌

주석가들은 새 이름이 새겨진 흰 돌에 관해 다양한 해석을 내놓고 공방을 벌인다. 랍비의 전승에 따라 하늘에서 만나와 함께 떨어졌다는 보석과 연관 짓는 사람들도 있고, 재판관이 죄수를 풀어줄 때 제비뽑기로 상자에 던지던 흰 자갈을 언급하는 사람들도 있다. 그런가 하면 시합에서 이긴 사람들에게 주던 네모난 돌*tessara*을 지목하는 사람들도 있는데, 그 돌이 있는 사람은 공공 위락 시설을 무료로 이용할 수 있었다. 이처럼 돌은 부적, 가부를 정하는 수단, 입장권 등으로 사용된 적이 있으므로 그러한 가능성을 모두 고려해야 한다는 입장들이다.

그러나 나는 트렌치 대주교의 설명이 가장 적합하다고 본다. 그는 대제사장이 하나님의 인도하심을 구할 때 구약성경에 여러 번 언급된 신비의 '우

림과 둠밈'을 참고했던 사실을 지적한다. 대제사장의 흉패에는 이스라엘의
열두 지파를 상징하는 열두 보석이 박혀 있었는데, 우림과 둠밈은 그 보석
들과 연관이 있다. 트렌치는 우림이 '흰 돌'이나 다이아몬드였을 수 있으며,
흔히들 추정하는 대로 그 위에 하나님의 은밀한 이름이 기록되어 있었다고
보았다. 만나를 담은 항아리가 휘장 안에 감추어져 있었고(대제사장만 그 안에
들어갈 수 있었다) 우림을 대제사장만 소지하고 있다가 그것으로 하나님의 뜻

버가모의 붉고 육중한 바실리카
애초엔 이집트의 신 세라피스의 신전으로 세워졌으나
후에 기독교 예배당으로 사용되었다.

을 물을 수 있었듯이, 트렌치는 이기는 그리스도인들이 받을 만나와 돌도 대제사장의 특권을 나타내며 주님께서 자신의 제사장으로 삼으신 모든 사람들(계 1:6; 5:10)에게 궁극적으로 그 특권을 주실 것이라고 보았다.

새 이름

돌이 무엇이든 거기에 새겨진 새 이름은 틀림없이 예수님의 이름이다. 그분은 뒤에 빌라델비아 교회에 보낸 편지에 "나의 새 이름을 그이 위에 기록하리라"(3:12)고 말씀하신다. 만나가 감추어져 있듯이 이름도 비밀이며 오직 받는 사람만 알 수 있다. 흰 돌 위에 기록된 것은 '새 이름'이며 "받는 자밖에는 그 이름을 알 사람이 없"다(2:17). 예수님은 낙원의 신자들에게 그분 자신을 계시해주겠다고 약속하시는데, 그 계시는 은밀하고 개인적인 것이다. 천국이 하나의 공동체인 것은 사실이지만 그렇다고 우리가 가축 떼처럼 다 똑같아 보인다는 뜻은 아니다. 우리는 예수님과 개인적인 관계를 맺고 각자의 개성을 간직할 것이다.

> 내 마음에 주님의 새 이름을 써주소서.
> 사랑의 그 이름, 최고의 새 이름을.

그렇다면 만나와 돌 위의 이름이 약속하는 것은 무엇인가? 이미 주어진 계시를 굳게 붙드는 사람들에게는 더 충만한 계시를 주신다는 약속이다. 감추었던 만나도 예수님이고 새 이름도 예수님이다. 우리는 만나를 배불리 먹고 그 이름을 깨달을 것이다. 이는 곧 하나님을 직접 보는 것이고, 머리와 가슴을 동시에 완전히 만족시켜줄 예수님을 직접 보는 것이다. 예수님의 이름을 굳게 붙드는 사람들은 그 이름을 더 깊이 계시해줄 '새 이름'을 받게 되고, 예수님을 믿는 믿음을 저버리지 않는 사람들은 감추었던 만나로 배부르게 된다. 부분적으로 알던 사람들이 그때는 주께서 자기를 아신 것처럼 온전히 알게 되고, 지금 거울로 희미하게 예수님을 보는 사람들이 그때는 얼굴과 얼굴을 대하여 보게 된다.

지금까지 우리는 예수님이 그분의 진리가 승리하는 데 관심이 많으시다는 것과 사탄이 거짓을 퍼뜨리며 활동하고 있다는 것을 살펴보았다. 그렇다면 이제 그 두 가지를 인식한 우리의 사명은 무엇인가? 그것은 바로 부탁받은 것을 지키고(딤전 6:20) "성도에게 단번에 주신 믿음의 도를 위하여 힘써 싸우"는 것이다(유 1:3). 우리는 이 진리를 사랑으로 지켜야 한다.

"그러나 네게 책망할 일이 있노라. 자칭 선지자라 하는
여자 이세벨을 네가 용납함이니 그가 내 종들을 가르쳐 꾀어 행음하게 하고
우상의 제물을 먹게 하는도다."

—

계 2:20

4
–

What Christ
Thinks of the
Church

두아디라 교회에 보낸 편지
거룩함

요한계시록 2:18-29

18 두아디라 교회의 사자에게 편지하라. 그 눈이 불꽃같고 그 발이 빛난 주석과 같은 하나님의 아들이 이르시되

19 내가 네 사업과 사랑과 믿음과 섬김과 인내를 아노니 네 나중 행위가 처음 것보다 많도다.

20 그러나 네게 책망할 일이 있노라. 자칭 선지자라 하는 여자 이세벨을 네가 용납함이 니 그가 내 종들을 가르쳐 꾀어 행음하게 하고 우상의 제물을 먹게 하는도다.

21 또 내가 그에게 회개할 기회를 주었으되 자기의 음행을 회개하고자 하지 아니하는 도다.

22 볼지어다, 내가 그를 침상에 던질 터이요 또 그와 더불어 간음하는 자들도 만일 그의 행위를 회개하지 아니하면 큰 환난 가운데에 던지고

23 또 내가 사망으로 그의 자녀를 죽이리니 모든 교회가 나는 사람의 뜻과 마음을 살피는 자인 줄 알지라. 내가 너희 각 사람의 행위대로 갚아주리라.

24 두아디라에 남아 있어 이 교훈을 받지 아니하고 소위 사탄의 깊은 것을 알지 못하는 너희에게 말하노니 다른 짐으로 너희에게 지울 것은 없노라.

25 다만 너희에게 있는 것을 내가 올 때까지 굳게 잡으라.

26 이기는 자와 끝까지 내 일을 지키는 그에게 만국을 다스리는 권세를 주리니

27 그가 철장을 가지고 그들을 다스려 질그릇 깨뜨리는 것과 같이 하리라. 나도 내 아버지께 받은 것이 그러하니라.

28 내가 또 그에게 새벽별을 주리라.

29 귀 있는 자는 성령이 교회들에게 하시는 말씀을 들을지어다.

The Letter to Thyatira
Holiness

"네게 책망할 일이 있노라.…
여자 이세벨을 네가 용납함이니"
—
2:20

"일곱 도시 중 가장 덜 중요한 곳에 가장 긴 편지가 보내졌다"(R. H. 찰스).
분명히 두아디라는 앞의 세 도시보다 규모도 작고 중요성도 떨어졌다. 두
아디라는 앞서 말한 아시아 주의 순환대로에서 버가모와 사데의 중간쯤에
있었다. 편지를 배달하는 일을 맡은 사람은 에베소를 출발해 정북으로 서
머나에 이르고 다시 정북으로 버가모에 닿았으니 이제 동남쪽으로 돌아 65
킬로미터쯤 가면 두아디라가 나온다.

두아디라

두아디라는 정치보다 상업으로 유명한 도시였다. 당시에 그곳은 분명히
번화한 무역의 중심지였다. 고고학자들이 발굴한 비명碑銘들을 보면 두아
디라가 다양한 무역의 길드를 자랑했다는 흥미로운 사실이 드러난다. 예컨

대 제빵업자, 청동 기술자, 피복상, 구두 수선공, 직조공, 가죽을 무두질하는 사람, 염색업자, 도예공 등의 조합이 직업별로 있었다. 빌립보 교회에서 가장 눈에 띄는 회심자인 루디아도 두아디라 출신이다. 루디아는 두아디라의 자색 염색으로 처리한 물건을 사고팔았기 때문에 누가는 그녀를 '자색 옷감 장사'라 표현했다(행 16:14). 두아디라는 빌립보의 식민지였는데, 그녀는 마게도냐의 빌립보로 이주하여(아마도 사업 때문에) 거기서 바울이 전하는 복음을 들었다. 주님은 루디아의 마음을 열어 메시지를 듣게 하셨고, 그리하여 그녀는 믿고 세례를 받았다.

그리스도 안에서 새로 태어난 루디아는 고향 두아디라로 돌아가 그곳에 교회가 개척되는 데 힘을 보탰을 수도 있다. 그것은 우리가 알 수 없지만, 요한계시록이 기록될 즈음에는 번창하는 이 도시에 분명히 번창하는 교회가 있었다. 예수 그리스도는 가장 따뜻한 칭찬의 말로 이 교회에 대해 이렇게 쓰셨다. "내가 네 사업과 사랑과 믿음과 섬김과 인내를 아노니"(2:19). 이 말씀에 그리스도인의 네 가지 훌륭한 자질이 나타나 있다. 두아디라는 그리스도인답게 열심히 섬기는 면에서 에베소에 필적했을 뿐 아니라 에베소에 없는 사랑까지 보였고, 버가모에서는 위태로웠던 믿음을 지켰으며, 서머나처럼 환난을 견디는 인내의 미덕을 갖추었다.

아름다운 동산

두아디라 교회는 기독교의 가장 아름다운 미덕들이 활짝 핀 아름다운 동산과 같았다. 한편에는 겸손한 사역이 있었고, 다른 한편에는 바울이 자주 말한 믿음, 소망, 사랑의 삼위일체가 있었다. 믿음과 사랑은 직접 그 단어

'스텔라(stela)'라고도 하는 고대의 석비

그림을 돋을새김으로 새겨 넣은 봉헌 부조(奉獻 浮彫) 형식을 취하고 있다.

로 언급되어 있으며, 인내란 소망의 열매가 아니고 무엇이던가? 바울이 데 살로니가 신자들에게 들려준 칭찬이 생생히 떠오른다. "너희의 믿음의 역 사와 사랑의 수고와 우리 주 예수 그리스도에 대한 소망의 인내를 우리 하 나님 아버지 앞에서 끊임없이 기억함이니"(살전 1:3). 이곳 두아디라에서도 실천적인 사랑은 섬김을 낳았고 굳건한 믿음과 소망은 인내를 가져왔다.

그러나 두아디라가 지닌 미덕의 목록은 여기서 끝나지 않는다. 예수님은 '내가 네 사업을 안다'고 말씀하신 후 "네 나중 행위가 처음 것보다 많도 다"(2:19) 하고 덧붙이셨다. 그리스도인의 삶이란 성장과 진보와 발전의 삶 임을 두아디라 교회는 알았다. 에베소는 퇴보했으나 두아디라는 전진했다. 에베소 교회는 처음에 품었던 사랑을 버렸으나 두아디라 교회는 처음에 보 였던 행위를 오히려 능가했다.

그리스도인의 성장

신약성경에는 그리스도인의 성장이 다양하게 예시되어 있다. 그것은 마 치 유아기에서 사춘기를 지나 장성한 성인에 이르는 인간의 점진적인 성숙 과도 같다. 또 포도나무의 과실이 점점 많아지는 것과도 같고, 금속을 제련 하는 화학적인 과정과도 같다. 이 모든 비유에는 꾸준하고 확실하고 명료 하고 의도적인 하나의 진행이 내포되어 있다.

그리스도인으로서 우리의 삶도 그러한가? 물론 우리는 시작은 잘했다. 그러나 지금은 어떤가? 현재 우리의 상태는 정체인가 퇴보인가 전진인가? 신약성경은 우리가 믿음과 사랑, 지식과 거룩함에서 자라가야 한다고 말한 다. 바울이 데살로니가에 두 번째 편지를 쓰면서 기뻐할 수 있었던 것은

"너희의 믿음이 더욱 자라고 너희가 다 각기 서로 사랑함이 풍성함" 때문이었다(살후 1:3). 두아디라의 그리스도인들도 '사랑과 믿음과 섬김과 인내'에서 자라고 있었다(2:19).

동산의 독초

그러나 좀 더 읽어보면 이렇게 뛰어난 교회가 도덕적으로 타협했다는 내용이 나오니 서글픈 일이다. 그 아름다운 동산은 독초가 무성하도록 방치되고 있었다. 건강한 몸에 악성 종양이 자라기 시작했고, 교제하는 공동체 안에 원수가 둥지를 틀고 있었다. 그래서 편지는 이렇게 이어진다. "네게 책망할 일이 있노라. 자칭 선지자라 하는 여자 이세벨을 네가 용납함이니 그가 내 종들을 가르쳐 꾀어 행음하게 하고 우상의 제물을 먹게 하는도다"(2:20). 두아디라 교회는 사랑과 믿음과 섬김과 인내를 보였지만 거룩함은 없었다. 그들은 한 여자 교인이 무분별한 방종을 가르치도록 허용했고, 그녀를 제지하려는 시도를 전혀 하지 않은 것으로 보인다. 이 점에서도 두아디라 교회는 에베소 교회와 정반대였다. 에베소는 자칭 사도라 하는 악한 사람들을 용납하지 않았지만 사랑이 없었다(2:2,4). 반면에 두아디라는 사랑은 있었으나 자칭 선지자라 하는 악한 여자를 용납했다.

그리스도인의 거룩함

그렇다면 거룩한 삶과 성품은 진정한 그리스도인과 참된 교회에 반드시 있어야 할 또 하나의 표다. 신약성경은 거룩함을 많이 강조한다. "하나님의 뜻은 이것이니 너희의 거룩함이라. 곧 음란을 버리고"(살전 4:3). 거룩함은 하나님의 뜻일 뿐만 아니라 그분의 목적이기도 하다. 우선 거룩함은 성부 하나님이 우리를 택하신 목적이다. "곧 창세 전에 그리스도 안에서 우리를 택하사 우리로 사랑 안에서 그 앞에 거룩하고 흠이 없게 하시려고"(엡 1:4). 또한 거룩함은 성자 예수님이 죽으신 목적이다. "예수 그리스도[가] … 우리를 대신하여 자신을 주심은 모든 불법에서 우리를 속량하시고 우리를 깨끗하게 하사 선한 일을 열심히 하는 자기 백성이 되게 하려 하심이라"(딛 2:13-14). 그리고 거룩함은 성령 하나님이 우리 안에 내주하시는 목적이다. "하나님이 우리를 부르심은 부정하게 하심이 아니요 거룩하게 하심이니 … 그의 성령을 주신 하나님을"(살전 4:7-8). 이렇듯 영원하신 한 하나님의 세 위位인 성부, 성자, 성령이 우리를 거룩하게 하신다는 목적에서 하나가 되신다.

그러나 우리를 거룩하게 하는 것이 하나님의 뜻이기에 사탄은 어떻게든 그것을 막으려고 한다. 사탄은 신자들과 교회들을 꾀어 죄에 빠뜨리려고 언제나 기회를 노리고 있다. 바다에서 나온 짐승이 무력으로 교회를 짓밟지 못하고, 땅에서 나온 짐승이 오류로 교회의 증언을 변질시키지 못하면, 이번에는 바벨론의 음녀가 가증한 교태로 유혹에 성공할지 모른다(참조. 계 17:1-6). 다시 말해, 마귀는 박해나 이단으로 교회를 멸하지 못하면 죄악으로 타락시키려 한다는 것이다. 적어도 두아디라에서 사탄은 이 전략을 사용했다.

이세벨

그렇다면 여자 이세벨은 누구인가? 두아디라에 정말 그런 이름의 여자가 있었다든가, 아니면 이 표현이 그저 악한 세력을 상징하는 것일 뿐이라는 식으로 양극단에 빠질 필요는 없다. 물론 그녀는 실존 인물이었지만 그 이름은 발람, 소돔, 바벨론, 예루살렘 등 요한계시록에 나오는 구약의 다른 명칭들처럼 분명히 상징적인 것이다. 이 이름은 구약의 이세벨이 이스라엘에 그랬던 것처럼, 평판이 나쁜 이 선지자도 두아디라에 위험한 악영향을 끼쳤다는 것을 의미한다.

왕비 이세벨은 나약한 왕인 아합의 아내였다. 이방인인 그녀는 이스라엘에 자기네 이방의 우상을 가지고 들어왔다. 아스다롯의 제사장인 그녀의 아버지 엣바알은 선왕을 살해하고 시돈의 왕위를 계승했다. 아스다롯은 그리스의 여신 아프로디테와 로마의 여신 베누스에 상응하는 페니키아의 여신이었다. 그녀가 들여온 가증한 제도는 신앙이란 이름으로 난잡한 성적 부도덕을 부추길 만큼, 종교와 도덕을 완전히 분리시키려 했다. 한 어원 설명에 따르면 '이세벨'은 '순결, 순수'를 뜻한다. 그러나 그녀의 성격과 행동은 이름과는 딴판이었다.

이세벨은 아합과 결혼한 후에 그 혐오스런 교리들을 이스라엘에 전파하는 데 열을 올렸다. 그녀 자신이 아스다롯의 제사장이었을 수도 있다. 이세벨은 아합을 설득해 수도 사마리아에 아스다롯의 신전과 제단을 지었고(왕상 16:30-32), 음란한 이단의 선지자 850인을 보살피면서 의로운 여호와의 선지자를 닥치는 대로 다 죽였다(왕상 18:4, 19: 21:25). 나중에 예후의 표현

전통 방식으로 옷감을 짜는 터키 여인
두아디라는 염색과 직조 기술이 발달했던 곳으로 자색 옷감 장사 루디아도 이곳 출신이었다.

대로 그녀는 '음행과 술수'로 유명해졌다(왕하 9:22). 전에 발람이 그랬던 것처럼 이세벨은 이스라엘을 더럽히려 했다. 그런데도 아합은 이세벨에게 맞설 도덕적인 확신이나 기백이 부족했다.

둘째 이세벨

첫 이세벨이 죽은 지 어언 천 년이 지났다. 그녀는 비참한 최후를 맞았지만 그녀의 악한 영은 주후 1세기의 한 여선지자 안에 환생했다. 둘째 이세벨의 종교도 그 이름의 원조에 걸맞게 도덕과는 전혀 무관했다. 그녀는 하나님의 영감을 들먹이며 예수님의 종들을 보란 듯이 꾀어 음행에 빠뜨리고 있었다. R. H. 찰스는 그녀가 두아디라의 그리스도인들을 부추겨 인근에서 벌어지는 무역 길드들의 예식과 연회에 참석하게 했다고 보았는데, 그런 행사는 "말할 것도 없이 이방 신들에게 바쳐졌고 무절제한 방종으로 끝나는 경우가 허다했다"고 한다.

새 이세벨과 그녀를 추종하는 사람들은 아마 자신들의 노련한 인생 경험을 자랑했을 것이다. 이후의 영지주의자들처럼 그들도 은밀한 신비를 깊이 파고들면서, 웬만한 그리스도인들은 받을 수 없는 내밀한 비전秘傳을 자기들은 계시로 받았다고 자랑했다. 그들은 영적인 상류층과 특별한 엘리트 집단으로 자처했고, 자신들이 '깊은 것'을 깨달았다며 으스댔다. 어쩌면 그 표현 자체도 바울이 서신서에 여러 번 언급한 '하나님의 깊은 것'에서 따왔을지 모른다(롬 11:33; 엡 3:19). 그러나 인간은 그분의 지혜와 사랑의 깊이를 오직 성령께서 통달하여 계시해주실 때에만 알 수 있다(고전 2:10). 영지주의자들은 바울의 표현을 따오기만 한 것이 아니라 아예 왜곡시켜버렸다.

물질은 악하기 때문에 아무리 육신의 죄에 빠져도 영에는 피해가 없다는 마귀의 이론을 펼치며, 그들은 "소위 사탄의 깊은 것"에(2:24) 끝없이 빠져들었다.

죄를 용납한 교회

그런 점에서 이세벨의 무리는 니골라당이나 발람의 무리와 같거나 적어도 비슷해 보인다. 앞서 버가모에 보낸 편지와 마찬가지로 '행음'과 '우상의 제물을 먹는' 행위가 두아디라에 보낸 편지에도 둘 다 언급된다(2:20). 그러나 여기서는 오류보다 죄를, 교리적인 문제보다 윤리적인 문제를 강조하는 듯하다. 두아디라 교회는 이세벨 일당이 계속 활동하도록 막지 않고 그냥 방치했다. 반면 에베소는 니골라당의 행위를 '미워하여' 그들을 용납하지 않았다(2:2, 6). 버가모에는 발람의 교훈과 니골라당의 교훈을 지키는 자들이 있는 정도였지만(2:14-15) 두아디라는 실제로 그들을 '용납'했다(2:20). 두아디라의 그리스도인들은 양심이 아주 무디었든지 용기가 아주 박약했던 것 같다. 아합이 옛 이세벨에게 그랬던 것처럼 그들도 새 이세벨을 나약하고 줏대 없이 대했다. 예수님은 이세벨이 그분의 종들을 꾀어 죄를 짓게 한 것을 책망하셨는데, 그분의 말씀은 이런 것이나 같다. "'내 종들'은(2:20) 이세벨이 아닌 나에게 순종하기로 헌신한 사람들이다. 이세벨을 섬기는 것은 방종이요 속박이지만 나를 따르는 것은 섬김이요 자유다."

그렇다면 승천하신 그리스도는 이런 상황에 처한 교회에 어떤 메시지를 주실 것인가?

예수님이 교회 전체에 주시는 말씀

예수님은 다른 편지들과 같이 두아디라 교회에 주신 메시지도 '내가 안다'는 말로 시작하시지만, 왠지 이번 편지에서는 그 말씀의 의미가 더 강력하다. 그분이 하늘에서 촛대 사이를 거니시며 감독하고 계심을 모든 교회가 알아야 했지만, 특히 두아디라는 어느 교회보다도 더 그런 확신이 절실히 필요했다. 이세벨 일당이 은밀하게 숱한 악행을 자행하고 있었기 때문이다. 어쩌면 두아디라 교회 자신도 빗장 뒤의 어둠 속에서 벌어지는 일들을 다 알지 못했을 수 있지만, 예수님은 아셨다. 그분은 이 교회에 자신을 소개하실 때, 그 눈이 불꽃같은 하나님의 아들이라고(2:18) 표현하실 정도였다(참조. 계 1:14; 19:12). 그분의 눈은 이세벨의 죄악을 덮고 있는 밤을 꿰뚫어보시며 불같이 분노의 빛을 발했다.

불꽃같은 눈

이 땅에 사실 때 예수님의 눈은 분명히 사람들을 매혹시켰을 것이다. 바리새인들은 "그들의 마음이 완악함을 탄식하사 노하심으로 그들을 둘러보시"던 그분의 눈빛에 뜨끔했을 것이고(막 3:5), 시몬 베드로는 닭이 운 직후에 대제사장의 뜰에서 예수께서 "돌이켜 베드로를 보시"던 그 부드럽고 사랑에 찬, 그러면서도 실망이 담긴 눈빛을 평생 머릿속에서 지울 수 없었다(눅 22:60-61).

이 편지에서 예수님은 자신을 "사람의 뜻과 마음을 살피는 자"(2:23)라고 표현하신다. 인간의 은밀한 생각과 동기를 훤히 아시는 이러한 지식은 구약성경에 자주 언급되는 하나님의 능력인데, 지금 '하나님의 아들'(2:18)이 의식적으로 그것을 자신의 것이라 주장하신다. 여기 예수께서 인용하시는 하나님의 말씀은 종교의 내면성과 마음의 중요성에 대한 계시를 누구보다 분명히 받은 예레미야 선지자가 기록한 것이다. "나 여호와는 심장을 살피며 폐부를 시험하고 각각 그의 행위와 그의 행실대로 보응하나니"(렘 17:10). 예레미야는 바로 이 말씀을 주장하면서 "공의로 판단하시며 사람의 마음을 감찰하시는 만군의 여호와여"(렘 11:20; 참조. 렘 20:12; 시 7:9)라고 기도했다. 그래서 사도행전에 두 번 나오는 하나님의 이름이 있는데, 그리스어로 한 단어인 *kardiognōstēs*라는 이 명사는 '마음을 아시는 자'라는 뜻이다(행 1:24; 15:8).

터키 서부에 위치한 도시 아키사르(옛 지명 두아디라)에 있는 무너진 기둥 유적

신적인 통찰력

이 땅에 사실 때 예수님에게도 그 능력이 있었다. 그래서 그분은 사람들의 생각을 읽고 마음을 아셨다. 마음의 숨은 곳들을 꿰뚫어보시는 그분의 통찰에 그분의 적들도 제자들도 모두 놀랐다. 예컨대 우리는 "그들이 속으로 이렇게 생각하는 줄을 예수께서 곧 중심에 아시고"(막 2:8)라는 표현을 자주 만난다. 그래서 그분을 가까이 따르던 사람들은 그분께 아무것도 숨길 수 없다는 결론에 이르렀다. 베드로는 "주님, 모든 것을 아시오매"(요 21:17)라고 확신했고, 요한은 그것을 "또 사람에 대하여 누구의 증언도 받으실 필요가 없었으니 이는 그가 친히 사람의 속에 있는 것을 아셨음이니라"(요 2:25) 하고 자신의 말로 더 상세히 풀었다. 이 땅에 사시던 예수님도 인간의 마음과 생각을 훤히 꿰뚫어보시는 능력이 있었거늘 부활하신 그리스도는 얼마나 더 인간의 모든 비밀을 아시겠는가?

악인들은 자신의 악이 비밀이며 절대 밝혀지지 않는다고 확신한다. 그들은 하나님이 "보지 않으며 심판하지 않는다"고 말하기를 좋아한다. 그러나 하나님이 다 보시며 심판하신다는 사실은 명백하여 아무리 강조해도 지나치지 않다. "자기의 계획을 여호와께 깊이 숨기려 하는 자들은 화 있을진저 그들의 일을 어두운 데에서 행하며 이르기를 누가 우리를 보랴 누가 우리를 알랴 하니"(사 29:15). "지으신 것이 하나도 그 앞에 나타나지 않음이 없고 우리의 결산을 받으실 이의 눈앞에 만물이 벌거벗은 것같이 드러나느니라"(히 4:13). "하나님이 예수 그리스도로 말미암아 사람들의 은밀한 것을 심판하시는 그날이라"(롬 2:16). 그렇다면 하나님의 사람들은 '그 눈이 불꽃 같고'(2:18) 또 '사람의 뜻과 마음을 살피는'(2:23) 그리스도의 임재 안에 사

성경은 측정의 잣대이자 시험의 기준이다.

는 법을 배워야 한다. 그분의 눈은 "온 땅을 두루 감찰"하신다(대하 16:9). 그분은 우리가 앉고 일어서는 것을 보시고 멀리서도 우리의 생각을 간파하시며, 이렇게 모든 것을 보시는 그분의 눈이 언제나 우리 위에 머물러 있기에 우리는 그분의 임재를 피할 수 없다(시 139편). 이것을 기억하면 거룩한 삶을 살게 하는 가장 강력한 자극이 된다. "하나님을 두려워하는 가운데서"(고후 7:1; 참조. 잠 23:17) 살라는 성경말씀이 바로 그런 뜻이다.

이세벨 일당에 대한 예수님의 경고

예수님은 두아디라의 이 파렴치한 무리에게 회개하라고 명하신다. 사실 그들은 이미 회개할 기회가 있었지만 계속 무시했다. "내가 그에게 회개할 기회를 주었으되 자기의 음행을 회개하고자 하지 아니하는도다"(2:21). 우리는 이세벨 일당이 어떤 경고를 받았는지 모르지만 이것만은 확실히 안다. 즉 하나님은 "오래 참으사 아무도 멸망하지 아니하고 다 회개하기에 이르기를 원하시"고(벧후 3:9), "죽을 자가 죽는 것도 … 기뻐하지 아니하"시며(겔 18:32), "모든 사람이 구원을 받〔기를〕 … 원하"신다(딤전 2:4). 이것이 하나님의 소원이다. 그러나 이세벨의 소원은 아니었다. 그녀는 '회개하기를 원하지 않는다.' 21절의 그리스어 표현을 직역하면 그렇다.

회개하라!

예수 그리스도는 우리를 억지로 항복시키거나 우리의 고집을 강제로 꺾지 않으신다. 그분은 지금 우리에게도 그 옛날 회개하지 않던 예루살렘에 했던 그대로 말씀하신다. "암탉이 그 새끼를 날개 아래에 모음같이 내가 네 자녀를 모으려 한 일이 몇 번이더냐. 그러나 너희가 원하지 아니하였도다"(마 23:37). 그러나 이세벨이 회개하지 않는다 해도 그녀를 추종하는 사람들에게는 아직 한 줄기 희망이 있다. 그와 더불어 간음하는 자들도 정녕 벌을 받지만, "만일 그의 행위를 회개하지 아니하면" 그렇다는 것이다(2:22). 아직 회개의 문이 열려 있었고 아직 시간이 있었다. 그러나 기회는 영원하지 않으며, 아마도 곧 지나고 말 것이다.

이 최후통첩을 귀담아 듣지 않으면 심판이 뒤따른다. "모든 교회가 나는 사람의 뜻과 마음을 살피는 자인 줄 알지라. 내가 너희 각 사람의 행위대로 갚아주리라"(2:23). 눈이 불꽃같은 그분은 또 발이 빛난 주석과 같은 분이다 (2:18). 우리 마음의 숨은 구석을 간파하시는 그 눈은 의분에 불탈 수 있고, 그 발은 우리를 밟아 가루로 만들 수 있다. 이세벨 일당에게 임박한 심판의 속성은 대단히 극적이며, 일부분은 상징적인 용어로 표현되어 있다. 그러나 이미지 자체에 집착하여 실체를 놓쳐서는 안 된다. "내가 〔이세벨을〕 침상에 던질 터이요 또 그와 더불어 간음하는 자들도 … 큰 환난 가운데에 던지고 또 내가 사망으로 그의 자녀를 죽이리니"(2:22-23).

심판

이세벨이 받을 심판은 그 죄에 합당한 것이다. 그녀가 악을 행하는 장면이 곧 심판을 받는 장면이고, 그녀가 죄를 짓던 침상이 곧 고통의 병상이 될 것이다. 이제 쓰라린 고뇌가 뒤따를 것이다. 이세벨의 악에 깊이 물든 그녀의 영적인 자녀들도 죽임을 당한다. 아합과 이세벨의 아들들처럼 그들도 망한다. 문자 그대로 질병과 죽음의 벌이 음란한 이세벨을 삼켰을 가능성이 가장 높다. 이때는 아나니아와 삽비라가 거짓과 위선으로 죽어 나가던 시대요(행 5:1-11), 고린도의 그리스도인들이 탐욕과 불경으로 주의 만찬을 더럽히다 더러는 병들고 더러는 죽던 시대였다(고전 11:17-32). 오늘날에는 사람들이 그와 비슷한 죄를 범하고도 즉각적이고 신체적인 심판을 받지 않을지 모르나 예수님의 눈은 여전히 불꽃같고 그분의 발은 여전히 주석처럼 단단하며, "불의한 자〔는〕 하나님의 나라를 유업으로 받지 못" 한다(고전 6:9).

남은 교인들을 향한 예수님의 권고

그러나 두아디라의 모든 교인들이 이세벨의 독에 감염된 것은 아니었고 전염을 물리친 사람들도 있었다. 그들은 "이 교훈을 받지 아니하고 소위 사탄의 깊은 것을 알지 못하는" 사람들이었다(2:24). 두아디라에는 자신을 더럽히지 않은 경건한 사람들이 남아 있었던 것이다. 예수님은 그들을 "두아디라에 남아 있[는] … 너희"라(2:24) 지칭하시며 그들에게 특별한 권고의 말씀을 주신다. 그분은 먼저 "다른 짐으로 너희에게 지울 것은 없노라"고 하신 뒤, "다만 너희에게 있는 것을 내가 올 때까지 굳게 잡으라"고 덧붙이신다(2:24-25). '다른 짐을 지우지 않는다'는 표현은 누가가 사도행전 15장에 기록한 대로 예루살렘 공의회 후에 사도들이 선포한 결의를 암시한 것으로 보인다. 공의회에서 내린 결론의 골자는, 이교異敎에서 개종한 사람은 할례를 받을 필요가 없다는 것이었다. 즉, 이방인은 그리스도인이 되기 위해 유대인이 될 필요가 없었다. 이제 그리스도 안에서 유대인과 이방인은 그분의 새로운 공동체에 속한 대등한 일원이었다.

일단 그것이 대원칙으로 정해지자 몇 가지 관행에 대해서는 이방인도 기꺼이 양보할 수 있었다. 즉, 이방인은 유대인의 양심을 거스르지 않기 위해 네 가지를 금해야 했다. 이 네 가지 금기에 관해서는 지금도 논쟁이 계속되고 있지만, 그것이 윤리적이라기보다 문화적인 내용인 것만은 분명해 보인다. 이런 문화적인 양보와 불변하는 도덕법을 제외하고는 사도들과 장로들은 이방인 신자들에게 "아무 짐도 … 지우지 아니하"기로 결의했다(행 15:28). 마찬가지로 예수님도 두아디라 교회에 "다른 짐으로 … 지울"

뜻이 없었다. 그들은 현재 있는 것, 즉 이미 받은 교훈을 굳게 잡기만 하면 되었다(2:24-25).

영광스러운 자유

이 구절에 우리가 배워야 할 중요한 교훈이 들어 있다. 새로운 부도덕이 새로운 금욕주의를 만들어내서는 안 된다는 것이다. 우리는 주변의 극단적인 해이함에 과잉 반응하여 자신에게 극단적인 엄격함을 강요해서는 안 된다. 예수님은 기준이 낮은 환경에 사는 사람들에게 전혀 새로운 짐을 지우지 않으신다. 다만 우리는 이미 가진 것, 즉 이미 기록된 말씀을 통해 주신 것을 굳게 붙잡으면 된다. 그렇다면 우리가 이미 가진 것은 무엇인가? 그것은 성경이 말하는 기쁘고 즐겁고 균형 잡힌 의義이며, 최고의 법에서 나오는 영광스러운 자유다. 예컨대 그것은 성性의 바른 사용을 아름답고 성스럽게 여기되 동시에 성의 잘못된 사용을 추하고 더럽게 여기는 도덕이다. 그것은 "모든 사람은 결혼을 귀히 여기고 침소를 더럽히지 않게 하라. 음행하는 자들과 간음하는 자들을 하나님이 심판하시리라"(히 13:4)고 가르치는 교훈이다.

하나님의 계명은 무겁지 않으며(요일 5:3), 예수님의 멍에는 쉽고 그 짐은 가볍다(마 11:30). 우리는 자신에게든 남에게든 절대로 그분이 주신 짐 외에 다른 짐을 지워서는 안 된다. 서기관들과 바리새인들은 바로 이 잘못을 저질렀다. 그들은 하나님의 계명에 자신들의 전통을 더했고(막 7:8-13) "무거운 짐을 묶어 사람의 어깨에 지"웠다(마 23:4). 그러나 그리스도인은 바리새인처럼 해서는 안 된다. 우리는 이미 있는 것, 즉 사도들의 교훈을 통해 주

고대 도시 히에라폴리스의 극장에 새겨진 부조

어져 지금 성경에 기록되어 있는 것만 굳게 잡으면 된다. 사도들은 바로 그 것을 우리에게 누누이 명했다. "너희는 처음부터 들은 것을 너희 안에 거하 게 하라"(요일 2:24). "굳건하게 서서 말로나 우리의 편지로 가르침을 받은 전통을 지키라"(살후 2:15).

성경은 그 자체가 '규범canon', 곧 측정하는 잣대이고 시험의 기준이다. 성경은 믿음과 삶, 둘 다에서 넉넉한 길잡이이고 충분한 규율이다. 우리의 책임은 다른 것을 더하지 않고 성경의 가르침을 그대로 보전하는 것이다.

이기는 사람에게 주시는 예수님의 약속

이 편지도 다른 편지들처럼 이기는 사람에게 주시는 은혜의 약속으로 끝 난다. 사실 이번 편지에는 이기는 사람이 예수님의 도덕법에 순종하는 사 람으로 명백히 규정되어 있다. 여기 '이기는 자'는 예수님의 표현으로 '끝까 지 내 일을 지키는' 사람과 같다(2:26). 이 편지에는 '행위'라는 단어가 여러 번 나온다. 우리는 행위로 의롭다 함을 얻을 수는 없지만 분명히 행위대로 심판을 받는다(2:23). 행위나 일은 결코 우리를 구원하는 근거나 수단이 못 되지만 구원받은 사람에게 필수적으로 나타나는 증거이며, 따라서 행위는 심판의 훌륭한 기초가 된다.

두 가지 약속
주님은 끝까지 그분의 일을 견고히 지켜 싸움에 이기는 사람들에게 두

가지 놀라운 약속을 주신다. 전부 옮겨보면 이렇다. "만국을 다스리는 권세를 주리니 그가 철장을 가지고 그들을 다스려 질그릇 깨뜨리는 것과 같이 하리라. 나도 내 아버지께 받은 것이 그러하니라. 내가 또 그에게 새벽별을 주리라"(2:26-28). 23절에 나온 같은 문구를 반복하여 '내가 주리라'는 말씀이 두 번이나 나온다(2:26, 28). 죄인에게는 그의 행위에 합당한 것을 주시는 예수님이 이기는 사람에게는 그의 행위에 훨씬 과분한 것을 주신다. 그분은 이기는 사람에게 '만국을 다스리는 권세'와 '새벽별'을 주겠다고 약속하시는데, 이것은 권위와 계시의 개념이 담겨 있는 표현이다.

만국을 다스리는 권세의 이미지는 시편 2편 8-9절에서 따온 것이다. 놀랍게도 거기에는 장차 만국을 다스릴 메시아의 주권이 예언되어 있다. 거기 보면 하나님이 그리스도에게 "내게 구하라. 내가 이방 나라를 네 유업으로 주리니 네 소유가 땅끝까지 이르리로다. 네가 철장으로 그들을 깨뜨림이여, 질그릇같이 부수리라"고 말씀하신다(참조. 계 12:5; 19:15). 바로 그 권세를 이제 예수님은 자신의 충성된 사람들, 이긴 사람들에게 나누어 주신다. 그분은 "나도 내 아버지께 받은 것이 그러하니" 나도 너희에게 권세를 주겠다고 말씀하신다(2:27). 시편 2편에서 인용한 말씀이 약간 수정되고 각색되어 있다. 27절에 나오는 '다스린다'의 그리스어 단어는 문자적으로 '[양을] 친다'는 뜻이다. 비유가 토기장이에서 목자로 바뀌어, 열방은 조각조각 깨뜨려질 질그릇도 되지만 공의로운 통치와 징벌을 받을 양 떼이기도 하다.

예수님과 함께 통치하는 교회

이기는 사람이 어떻게 예수님의 통치에 동참하게 될 것인지는 우리의 지식으로는 정확히 알 수 없다. 다만 신자들에게 새 하늘과 새 땅은 특권의 장소일 뿐 아니라 책임의 장소라는 지적이 성경에 많이 나오는데, 여기서는 그 사실을 기억하는 것으로 충분하다. 작은 일에 충성한 "착하고 충성된 종"은 많은 것을 맡게 되며 "주인의 즐거움에 참여할" 것이다(마 25:21, 23). 비슷하게 열 므나의 비유에 나오는 충성된 종에게 귀인은 "네가 지극히 작은 것에 충성하였으니 열 고을 권세를 차지하라"(눅 19:17)고 말한다. 바울은 고린도 교인들에게 "성도가 세상을 판단할 것을 너희가 알지 못하느냐"(고전 6:2)고 덧붙인다. 그렇게 되는 것이 당연해 보인다. 이생에서 예수님의 일을 배운 사람들은 내세에서도 그분의 일을 계속할 테니 말이다. 땅에서 자신의 욕망을 다스릴 줄 아는 사람들은 천국에서 사람들을 다스릴 것이다.

이기는 사람에게 예수님이 두 번째로 주신 약속은 '새벽별'이라는 선물과 관련이 있다(2:28). 이 말의 설명을 둘러싸고 많은 의견이 있지만, 언제나 그렇듯 하나의 말씀에 대한 최고의 해석자는 말씀 자체다. 요한계시록 22장 16절에 주 예수님은 자신이 '광명한 새벽별'이라고 말씀하신다. 그분은 또 발람이 "한 별이 야곱에게서 나오며"(민 24:17)라고 예언했던 그 별이시다. 교회들은 '촛대'로, 교회의 사자들은 '별'로 묘사될 수 있지만 예수님은 그것들이 빛을 얻는 원천인 '광명한 새벽별'이시다. 그러므로 이기는 사람에게 이 별을 주신다는 약속은 바로 예수님 자신을 주신다는 약속이다.

세상의 기준을 거부하고 자신의 타락한 본성의 욕망을 다스리며 마귀의

고대 극장에 새겨진 부조

유혹을 물리친 신실한 그리스도인들은 이 밝은 새벽별을 얻는다. 이세벨을 거부한 사람들은 그리스도를 받는다. 그들은 그분의 권세는 물론 그분의 영광에 동참하게 되며, 열방을 다스릴 뿐 아니라 열방의 주인을 섬기게 된다. 사탄의 깊은 것에 파고들지 않은 사람들은 그리스도의 깊은 것을 깨달으며, 어두운 죄에 등을 돌린 사람들은 예수 그리스도의 얼굴에서 하나님의 영광의 광채를 본다. 이 땅의 싸움에서 거룩함을 얻기 위하여 아무리 큰 것을 포기했다 할지라도, 이기는 그리스도인들은 별이신 예수님과 함께 영원히 벅찬 만족을 누린다.

"사데 교회의 사자에게 편지하라. 하나님의 일곱 영과
일곱 별을 가지신 이가 이르시되 내가 네 행위를 아노니
네가 살았다 하는 이름은 가졌으나 죽은 자로다."
–
계 3:1

5
_

What Christ
Thinks of the
Church

사데 교회에 보낸 편지
실체

요한계시록 3:1-6

1 사데 교회의 사자에게 편지하라. 하나님의 일곱 영과 일곱 별을 가지신 이가 이르시
되 내가 네 행위를 아노니 네가 살았다 하는 이름은 가졌으나 죽은 자로다.

2 너는 일깨어 그 남은 바 죽게 된 것을 굳건하게 하라. 내 하나님 앞에 네 행위의 온전
한 것을 찾지 못하였노니

3 그러므로 네가 어떻게 받았으며 어떻게 들었는지 생각하고 지켜 회개하라. 만일 일깨지 아니하면 내가 도둑같이 이르리니 어느 때에 네게 이를는지 네가 알지 못하리라.

4 그러나 사데에 그 옷을 더럽히지 아니한 자 몇 명이 네게 있어 흰옷을 입고 나와 함께 다니리니 그들은 합당한 자인 연고라.

5 이기는 자는 이와 같이 흰옷을 입을 것이요 내가 그 이름을 생명책에서 결코 지우지 아니하고 그 이름을 내 아버지 앞과 그의 천사들 앞에서 시인하리라.

6 귀 있는 자는 성령이 교회들에게 하시는 말씀을 들을지어다.

아르테미스 신전 뒤편에
자리한 사데 교회 유적

The Letter to Sardis
Reality

"네가 살았다 하는 이름은 가졌으나
죽은 자로다"
—
3:1

사데는 두아디라에서 동남쪽으로 50킬로미터쯤, 서머나에서 동쪽으로 80킬로미터쯤 떨어져 있다. 트몰루스 산기슭을 따라 헤르무스 강의 비옥한 골짜기에 위치한 사데는 내륙의 여러 도로가 만나는 곳이기도 해서 번화한 무역과 교통의 중심지가 되었다. 그러나 고대 역사는 더 화려했다. 페르시아의 정복자 고레스에게 급습당하여 멸망할 때까지 전설적인 크로이소스 왕이 보화에 파묻혀 통치했던 곳이 바로 옛 리디아 왕국의 수도인 이곳이다.

사데의 역사

이후의 역사를 보면 사데는 각각 알렉산더 대왕과 안티오쿠스 대왕에게 점령되면서 유명해졌다. 그러나 점점 쇠퇴해가면서 이전의 명성을 잃다가 마침내 주후 17년에 일어난 지진으로 초토화되었다. 5년 동안 세금을 면제해 준 티베리우스 황제 덕택에 사데는 재건되어 다시 고대 역사가 스트라보Strabo가 '큰 도시'라 칭할 만큼 번창했지만, 끝내 이전의 영광은 되찾지 못했다.

사데 교회의 기원이나 초창기의 성장에 대해서는 요한계시록 3장 1-6절에 나와 있는 내용이 전부다.

호된 책망의 편지

부활하신 예수님이 요한을 통하여 사데 교회에 주신 편지는 일곱 통의 편지 중에서 가장 호된 질책의 내용으로 되어 있다. 거의 책망이 전부일 정도다. R. H. 찰스는 "도시 자체처럼 교회도 초기에는 장래성이 있었으나 실제로 거기에 부응하지 못했다. 그곳의 일반 역사처럼 종교 역사도 과거의 유물이 되었다"고 썼다. 우리는 예수님이 이 교회에 주신 메시지를 잘 생각해야 한다.

예수님이 주시는 책망

이 교회가 영적으로 파산한 상태임을 드러내는 말씀은 몇 마디면 족했지만, 그 몇 마디 말씀은 주후 17년에 일어난 지진만큼이나 무시무시한 것이었다. "내가 네 행위를 아노니 네가 살았다 하는 이름은 가졌으나 죽은 자로다"(3:1). 사데 교회는 이름을 얻었고, 발전하는 교회라는 명성이 사방에 널리 퍼진 것이 분명하다. 그들은 도시와 동네에서 좋은 평을 받았고, 그

활기가 다른 여섯 교회들에까지 소문이 나 있었다. 또한 사데 교회 안에는 어떤 거짓 교리도 발을 붙이지 못했고, 그래서 발람이니 니골라당이니 이세벨이니 하는 말이 전혀 없다. 방문객들이 그들의 예배에 참석하거나 활동을 지켜보았다면 "사데 교회는 정말 살아 있구나!" 하고 감탄할 만했다. 겉에서 보기에는 정말 그랬다. 회중의 규모도 당시로서는 꽤 컸을 것이고 계속 성장하면서 수많은 훌륭한 사역도 감당했을 것이다. 그들은 돈이나 재능이나 인적 자원이 부족하지 않았다. 어느 모로 보나 활력과 생기가 있는 교회였다.

영적인 묘지

그러나 겉모습은 얼마나 교묘하게 사람을 속이는가! 이 교회는 사회적으로 이름나 있었지만 사실은 영적인 묘지였고, 살아 있는 것처럼 보였으나 실상은 죽어 있었다. 팔팔하다는 이름만 있었지 이름에 걸맞은 실속이 없었던 것이다. 예수님은 이면을 꿰뚫어보시며 "내 하나님 앞에 네 행위의 온전한 것을 찾지 못하였노니"(3:2)라고 말씀하셨다. 교회에 행위가 있기는 했지만 온전하지 못했는데, 이는 문자 그대로 '이행하지' 못했다는 뜻이다. 그들의 행위는 반복적인 의무였을 뿐 하나님의 목표나 규범을 이행하는 것과는 거리가 멀었다. 사데가 얻은 이름은 인간들에게서 얻은 것이지 하나님께 얻은 것이 아니었다. 예수님은 '하나님 앞에' 이 교회의 행위가 미흡하다고 말씀하셨다. 그들은 사람들의 눈에는 제법 견고하고 훌륭해 보였지만 하나님이 보시기에는 결함투성이였다.

명성과 실체의 차이, 즉 인간이 보는 것과 하나님이 보시는 것의 차이는

'스텔라'라고도 하는 고대의 비석
히에라폴리스 박물관 뜰에 있는 스텔라. 맨 윗줄에 '파피아스 클레소스'라는 이름이 보이는데,
히에라폴리스의 주교였던 파피아스를 기념하여 만든 것으로 추정되기도 한다.

시대와 장소를 떠나 누구에게나 매우 중요하다. 우리는 사람들 앞에서도 책임이 있지만 일차적으로 책임을 다해야 할 대상은 하나님이다. 우리는 어느 날 그분 앞에 서서 그분께 보고해야 한다. 그러므로 우리는 인간의 평가를 너무 높이 쳐서, 비난받을 때 우울해하고 칭찬 앞에서 우쭐해져서는 안 된다. 우리는 "내가 보는 것은 사람과 같지 아니하니 사람은 외모를 보거니와 나 여호와는 중심을 보느니라"(삼상 16:7) 하신 말씀을 기억해야 한다. 그분은 우리의 생각을 읽으시고 우리의 동기를 아신다. 그분은 우리가 고백하는 말 이면의 실상이 어떠하며 우리의 겉모습 이면에 생명이 얼마나 있는지 다 아신다.

영적인 죽음

사데를 삼킨 영적인 죽음이 어떤 것이었는지를 알려주는 단서가 편지에 하나 더 나와 있다. 전반적인 침체에 함께 빠지지 않은 몇몇 사람이 "그 옷을 더럽히지 아니한 자"(3:4)로 표현되어 있는 것으로 보아, 사데 교회의 죽음은 바로 더러움이었다. 교회에 죄가 스며들었던 것이다. 두아디라에 있던 이세벨 일당의 경우보다는 덜 공공연한 죄였지만 예수 그리스도는 그것까지도 아셨다. 교인들의 평판은 좋았지만 그 경건한 겉모습 속에는 은밀한 더러움이 있었다.

그리스의 역사가 헤로도토스에 따르면, 사데의 주민들은 시간이 지날수록 도덕 기준이 해이해져 아예 노골적으로 방종을 일삼는다는 평판을 얻었다. 아마도 사데 교회는 "이 세대를 본받지 말"라(롬 12:2)는 바울의 명령이나 "이 세상이나 세상에 있는 것들을 사랑하지 말라"(요일 2:15)는 요한의 명령을 잊었던 모양이다. 세속적인 누룩은 누구도 알아챌 수 없을 만큼 서서히 반죽에 퍼져 마침내 반죽 전부가 변질되었을 것이다.

이름뿐인 신앙

이렇듯 사데의 명성은 가짜였다. 어쩌면 사데는 기독교 역사상 '이름뿐인 기독교'가 무엇인지 보여준 최초의 교회일지도 모른다. 교인들은 명목상으로는 예수님께 속해 있었지만 마음은 아니었다. 그들은 살았다는 이름

사데에 있는 거대한 김나지움
최근에 일부를 재건하였다.

은 있었지만 사실은 죽은 자들이었다. 일찍이 예수님은 사람이 몸으로는 살아 있어도 영으로는 죽어 있을 수 있음을 친히 인정하시며 "죽은 자들이 그들의 죽은 자들을 장사하게 하"라고 말씀하셨다(마 8:22; 눅 9:60). 비슷하게 바울도 불신자들을 "허물과 죄로 죽었던" 자로(엡 2:1), 향락을 좋아하는 여자를 "살았으나 죽"은 자로 표현했다(딤전 5:6). 예수님은 오직 생명을 주시는 자신의 음성만이 이 죽은 자들을 깨워 영적인 묘지에서 불러낼 수 있음을 아셨다(요 5:25).

이렇듯 실체는 참된 교회가 지녀야 할 또 하나의 본질적인 표지다. 교회는 "살았다 하는 이름"만 가져서는 안 되며 생명 자체를 가져야 한다. 성경은 외적인 모양과 내적인 실체의 차이에 많은 지면을 할애해 이야기한다. 아모스, 이사야, 예레미야 같은 구약의 선지자들은 이스라엘과 유다에 이 차이를 가르치려 애썼다. 성전과 지방의 사원들은 의무를 다하는 예배자들로 북적거렸고, 그들은 섬세히 예식을 행하며 향과 제물과 음악을 하나님께 바쳤다. 그러나 여호와께서는 친히 이사야를 통해 "이 백성이 입으로는 나를 가까이 하며 입술로는 나를 공경하나 그들의 마음은 내게서 멀리 떠났나니"(사 29:13)라고 말씀하셨다.

위선자들이여!

예수님은 바리새인들을 지목해 그 말씀을 인용하시며, 그들을 가리켜 선지자들을 거부하고 죽인 사람들의 후손이라고 하셨다. 그들은 경건하다는 말을 들으려고 구제하고 길게 기도했고(마 6:1-6), 금식할 때는 얼굴을 흉하게 했다(마 6:16-18). 예수님의 말씀대로 그들은 그 모든 행위를 사람들에게 보이기 위해서 했고(마 23:5), 그것은 대중 앞에서 벌이는 쇼에 지나지 않았다. "화 있을진저, 외식하는 서기관들과 바리새인들이여. 회칠한 무덤 같으니 겉으로는 아름답게 보이나 그 안에는 죽은 사람의 뼈와 모든 더러운 것이 가득하도다. 이와 같이 너희도 겉으로는 사람에게 옳게 보이되 안으로는 외식과 불법이 가득하도다"(마 23:27-28).

바울이 "경건의 모양은 있으나 경건의 능력은 부인"하는 사람들에 관해 쓴 것으로 보아 분명히 디모데도 에베소에서 동일한 영적인 현상을 겪었다(딤후 3:5). 이렇듯 이 추한 성향을 우리는 신약과 구약을 통틀어 성경 전체에서 볼 수 있는데, 그것은 바로 기도 없는 형식, 실체 없는 이름, 내적인 진실함 없는 외적인 모양, 생명 없는 과시다.

이 행동에 꼭 맞는 단어는 '위선'이다. 어원인 *hupokritēs*는 본래 무대에서 연기하는 배우를 가리키던 말이었는데, 점점 실상과 다른 척하는 모든 허풍선이나 거짓말쟁이로 그 범위가 확대되었다. 위선은 위장이며 종교의 '가면 놀이'다.

교회 생활과 특히 예배에도 위선이 스며들 수 있다. 우리는 찬양대와 밴드나 오케스트라의 인도에 따라 찬송을 부를 수도 있고 사도신경을 외우고 죄를 고백하며 함께 기도할 수도 있지만, 생각은 딴 데 가 있고 마음은 하나님과 멀 수 있다. 전례典禮 규정에 따른 예배든 자유분방한 예배든, 의식 중심의 천주교 예배든 간소한 개신교 예배든 상관없다. 어느 경우든 똑같이 실체가 빠져 있을 수 있다.

목사들은 특히 취약하여, 말로는 하나님을 예배한다고 고백하면서 그분의 위대하심을 거의 인식하지 못한 채 예배를 인도할 수 있다. 그리스도를

복원된 옛 사데의 김나지움
고대 세계에서 김나지움은 체육 교육과 일반 교육이 함께 이루어진 교육의 장이었다.

높이고 사람들을 섬기기보다 자신의 학식이나 달변을 자랑하려고 설교할 수도 있다. 그러나 하나님이나 사람들을 향한 사랑의 표현이 아니라면 그리스도인이 하는 모든 활동은 공허한 가식이고 속 빈 연극에 지나지 않는다.

이제 조금 마음을 놓고, 사데의 위선을 지적하신 예수님의 책망에서 눈길을 돌려 그분이 그들에게 일러주신 해법을 살펴보자.

예수님이 일러주시는 해법

사데 교회처럼 죽은 교회를 어떻게 해야 할까? 부활하신 예수님은 이 교회에 몇 가지 긴박한 명령을 내리신다. "너는 일깨어 그 남은 바 죽게 된 것을 굳건하게 하라. … 그러므로 네가 어떻게 받았으며 어떻게 들었는지 생각하고 지켜 회개하라"(3:2-3). 짤막짤막한 다섯 가지 명령이 나온다. 깨어나라! 남아 있는 것을 굳건하게 하라! 기억하라! 순종하라! 회개하라! 이것을 크게 둘로 구분할 수 있는데, 사데 교회는 우선 깨어나서 그나마 남아 있는 것을 굳건하게 해야 했다. 그리고 물려받은 내용을 기억하여 그대로 순종하고 회개해야 했다.

첫째, "너는 일깨어 그 남은 바 죽게 된 것을 굳건하게 하라"(3:2). 죽었거나 다 죽어가는 사데에도 그 전반적인 쇠락을 비켜 간 몇몇 그리스도인들이 있었으니 큰 다행이다. 그래서 예수님의 말씀은 이렇게 이어진다. "그러나 사데에 그 옷을 더럽히지 아니한 자 몇 명이 네게 있어"(3:4). 종교적인 무기력증에 빠져 있는 답답한 교회에 그나마 숨통이 트이는 한 줄기 성령의 새 바람이 느껴진다. 그 세속적인 회중 가운데 경건한 사람들이 더러 남아 있었다.

남아 있는 경건한 사람들

언제나 그랬다. 남은 자의 교리는 성경의 역사를 통틀어 확연히 나타나는데, 그중에서 몇 가지만 예를 들어보자. "여호와께서 사람의 죄악이 세상에 가득함과 그의 마음으로 생각하는 모든 계획이 항상 악할 뿐임을 보시고" 홍수로 지면의 모든 사람을 멸하기로 작정하셨을 때, 노아와 그의 가족은 하나님 앞에서 은총을 입고 구원을 얻었다(창 6:5-18). 또 음란한 죄 때문에 "여호와께서 … 유황과 불을 소돔과 고모라에 비같이 내리사 그 성들〔을〕… 다 엎어 멸하"실 때(창 19:24-25), 그분은 "무법한 자들의 음란한 행실로 말미암아 고통당하는 의로운 롯을 건지셨"다(벧후 2:7).

이후에 아합과 이세벨의 시대에 이스라엘 온 나라가 여호와를 버리고 바알에게 돌아선 듯 보였을 때, 하나님은 "이스라엘 가운데에 칠천 명"이 있으니 "다 바알에게 무릎을 꿇지 아니하고 다 바알에게 입 맞추지 아니한 자"라고 엘리야를 안심시켜주셨다(왕상 19:18). 한 세기가 지난 후에 남왕국 유다도 여호와께 똑같이 불충실했다. 그래서 하나님의 심판으로 나라는 소멸되기 직전에 이르렀고 땅은 침략군에게 짓밟혀 황무해졌다. "만군의 여호와께서 우리를 위하여 생존자를 조금 남겨 두지 아니하셨더면 우리가 소돔 같고 고모라 같았으리로다"(사 1:9). 이어 이사야 선지자는 바벨론 유수가 다 끝나도 오직 남은 자들, 곧 회개하여 정결하게 된 사람들만이 돌아올 것이라고 예언했다. "이스라엘이여, 네 백성이 바다의 모래 같을지라도 남

사데에 있는 유대교 회당
모자이크 장식으로 포장된 길과 색을 띤 돌담이 인상적이다.

은 자만 돌아오리니"(사 10:20-22). 이스라엘이라는 나무는 베임을 당하고 오직 "거룩한 씨가 이 땅의 그루터기"로 남을 것이었다(사 6:13). 이 진리는 이사야의 메시지에서 매우 중요했기에, 그는 자기 아들 중 한 명의 이름을 '남은 자가 돌아오리라'는 뜻의 '스알야숩'이라 지었을 정도다(사 7:3).

예수님도 때로 그분을 따르는 사람들을 남은 자의 맥락에서 말씀하셨다. 예수님은 그들이 "이 음란하고 죄 많은 세대에서" 그분을 부끄러워하지 않아야 한다고 말씀하셨다(막 8:38). 그들은 비록 '적은 무리'였지만 무서워할 필요가 없었다(눅 12:32). 인자가 오실 때 "세상에서 믿음을 보"기 힘들지라도 말이다(눅 18:8).

적은 무리

다시 사데로 돌아오면, 이 도시에도 아직 마음과 생각으로 예수님께 충성하는 소수의 경건한 그리스도인들이 남아 있었다. 이 교회가 살았다는 이름은 거짓이었지만 그래도 진실한 사람이 몇 명 있었다(3:4). 그들에게는 더러운 이름이 없었으며, 그래서 바로 그들에게 예수님은 "일깨어 그 남은 바 죽게 된 것을 굳건하게 하라"고 고무적인 권고를 주셨다. 이제 비유는 죽음에서 잠으로 바뀌었다. 죽은 사람을 흔들어 깨울 수는 없다! 그러나 사데 교회의 일부 교인들은 죽었다기보다 잠들어 있었고, 그래서 부활하신 예수님은 그들에게 깊은 잠에서 깨어나 정신을 차리라고 명하신다.

예수님은 공생애 중에 누누이 제자들에게 깨어 있으라고 하셨고, 그 말씀을 입에 달고 사실 정도였다. 제자들은 깨어 있어 기도해야 한다. 등불을 밝히고 옷차림을 갖추고 섬길 준비를 하고 있어야 한다. 혼인 잔치에서 돌아올 주인을 기다리며 깨어 있는 사람처럼 되어야 한다(눅 12:35-37).

일부 학자들이 지적하는 것처럼, 깨어 있으라는 주님의 명령은 특히 사데에 꼭 맞는 것이었다. 난공불락에 가깝던 이 도시가 두 번이나 기습에 무너졌기 때문인데, 첫 번째는 페르시아의 고레스에게 당했고 두 번째는 안티오쿠스 대왕에게 당했다. "주전 549년에 메대의 한 병사가, 218년에 크레타의 한 병사가 아크로폴리스를 성공적으로 기어올랐다. 사데 사람들이 깨어 경계하지 않았기 때문이다"(《국제 표준 성경 백과사전*International Standard Bible Encyclopaedia*》).

남은 바를 굳건하게 하라

사데 교회의 남은 자들 즉, 살아 있는 사람들은 일단 깨어났으면 이제 그 남은 바를 굳건하게 해야했다. '굳건하게 하다'라는 말은 초대 교회에서 신자들을 '양육한다'는 의미로 자주 사용되었다. 예를 들어 누가는 바울이 자신의 설교와 가르침을 통해 예수님께 돌아온 "모든 제자를 굳건하게 하"였다고 말한다(행 18:23). 이와 비슷하게 바울은 자신이 로마의 그리스도인들을 방문해 그들의 믿음을 "견고하게 하려" 한다고 말했다(롬 1:11). 베드로와 야고보도 각자의 편지에 동일한 단어를 사용했다.

새 신자들은 대체로 연약하므로 굳건하게 해주어야 한다. 그들은 양육과 애정을 통해 자라가야 할 그리스도 안의 아기이며, 대개 불안정하므로 든든히 세워주어야 한다. 성숙하고 오래된 그리스도인들은 교회 안에 있는 어린 신자들을 잘 보살필 책임이 있다. 강한 그리스도인들은 약한 사람들을 업신여기지 말고 오히려 모본과 가르침과 우정으로 그들을 격려하고 굳건하게 해주어야 한다.

그렇다면 여기 '교회 안의 교회'가 감당해야 할 본분이 있다. 하나님은 소수를 통해 역사하실 때가 많다. 신실하고 헌신적인 남은 사람들을 세상에서 불러내실 뿐 아니라, 이름뿐인 다수의 신자들 속에서 불러내셔서 도구로 쓰시는 것이 그분의 자비로운 계획이다. 깨어 살아 있는 소수가 다수를 죽음에서 일으킬 수 있고, 강건한 남은 자 하나가 "그 남은 바 죽게 된 것을 굳건하게" 할 수 있다(3:2).

여기에 소위 '죽은 교회'에 다니며 다른 교회로 옮기려는 유혹을 느끼는 사람들에게 주는 메시지가 있다. 물론 신앙의 근본을 부인하는 교회라면 마땅히 떠나야 한다. 그런 교회는 배교자이며 더 이상 교회가 아니다. 그러나 신앙은 정통인데 죽어 있는 교회라면 어떨까? 그런 경우라면, 살아 있는 남은 사람들이 "그 남은 바를 굳건하게 하는" 것이 예수님의 뜻이다. 그러려면 함께 모여 하나님을 사모해야 할 것이다. 깨어 있고 책임감 있는 역동적인 소수의 신자들은 죽어가는 교회를 소멸되지 않게 지켜 다시금 불씨를 살려낼 수 있다. 기도와 사랑과 증언을 통해서 말이다.

임박한 심판

예수님은 "만일 일깨지 아니하면 내가 도둑같이 이르리니 어느 때에 네게 이를는지 네가 알지 못하리라"(3:3)고 덧붙이신다. 그분은 자신이 도둑처럼 불시에 다시 오신다는 경고를 자주 주셨다. 이처럼 특별히 어느 한 교회를 심판하러 오실 때도 그분은 사전에 예고가 없으실 것이다. 사데 위쪽의 산지에서 동굴에 숨어 있던 강도들이 방심한 사람을 느닷없이 덮치듯이 예수님도 그렇게 오실 것이다. 교회의 촛대는 옮겨지고 교회의 생명은 질식하며 교회의 불은 마침내 꺼질 것이다.

사데 교회에 두 번째로 주신 명령은 "그러므로 네가 어떻게 받았으며 어떻게 들었는지 생각하고 지켜 회개하라"(3:3)는 것이다. 승천하신 주님은 에베소 교회에 기억하라고 명하셨는데(2:5), 마찬가지로 사데 교회도 기억해야 했다. 기억은 소중하고 복된 선물이며, 과거의 기억처럼 양심을 절절히 찌르는 것도 없다. 회개의 지름길은 기억이다. 먼저 지난날의 자신의 모습을 떠올리고 하나님의 은혜로 회복될 상태를 묵상하면 회개에 이를 수 있다. 죄에서 돌이켜 다시 구주께로 나올 수 있다.

신자 개개인만 그런 것이 아니라 지역교회 전체도 그렇다. 오늘날 죽었거나 죽어가는 일부 교회들은 길고 영광스러웠던 과거의 역사를 돌아보아야 한다. 교회의 성도들이 성실한 일꾼이라는 유대감으로 활동하던 시절, 교인의 수가 계속 늘어나던 시절을 그중 오래된 교인들은 아직 떠올릴 수 있을 것이다. 과거의 역사에서 도전을 받아 현재의 수고로 이어가야 한다!

하지만 여기서 우리는 좀더 구체적으로 들어가야 한다. "그러므로 네가 어떻게 받았으며 어떻게 들었는지 생각하고 지켜"(3:3). 그들이 기억해야 할 것, 즉 그들이 받고 들었던 것은 무엇인가? 그것은 단순히 하나님의 말씀 즉 복음인가? 나는 그렇지 않다고 생각한다. 건전한 교리 자체는 교회를 죽음에서 되살릴 수 없고, 정통 자체는 때로 죽은 것일 수 있다. 그들이 받은 것은 복음 이상이었다. 그들은 성령을 받았다. 성령은 모든 사람이 회개와 믿음으로 복음에 반응할 때 받는 특별한 선물이다. 오순절 날 베드로는 "너희가 회개하여 각각 예수 그리스도의 이름으로 세례를 받고 죄 사함을

사데에 있는 유대교 회당 내부의 뜰

받으라"고 외친 뒤 "그리하면 성령을 선물로 받으리니"라고 덧붙였다(행 2:38 난하주). 바울도 그것을 알았기에 "누구든지 그리스도의 영이 없으면 그리스도의 사람이 아니라"(롬 8:9)고 말했다.

선물로 주신 성령

하나님은 성령을 주시고 우리는 받는다. 사실 그리스도인이 여태 받았고 또 장차 받을 수 있는 최고의 선물은 하나님의 성령 자신이다. 그분은 우리 인간의 성품 속에 들어와 우리의 내면부터 바꾸신다. 성령은 사랑과 기쁨과 평안으로 우리를 채우시며(갈 5:22-23), 우리의 욕심을 복종시키시고(갈 5:16), 우리의 성품을 예수님을 닮은 모습으로 변화시키신다(고후 3:18). 오늘날 하나님은 인간이 만든 성전에 거하지 않으시며, 대신 그분의 성전은 그분의 사람들이다. 그분은 신자 개개인 안에 거하시고 그리스도인의 공동체 안에 거하신다. 바울은 "너희 몸은 … 너희 가운데 계신 성령의 전인 줄을 알지 못하느냐"(고전 6:19) 하고 반문했고, 다시 "너희(집단을 가리키는 복수)가 하나님의 성전인 것과 하나님의 성령이 너희 안에 계시는 것을 알지 못하느냐"(고전 3:16) 하고 말했다.

그렇다면 사데의 그리스도인들에게 "그러므로 네가 어떻게 받았〔는지〕 … 생각하〔라〕"(3:3)고 명하신 예수님은 분명히 성령을 두고 말씀하셨을 것이다. 그것이 바른 해석임을 이 편지의 첫 소절이 뒷받침해준다. 거기 보면 예수님은 자신을 "하나님의 일곱 영과 일곱 별을 가지신 이"(3:1)라고 소개하신다. 각 편지의 도입부에 예수님이 자신을 묘사하시는 내용은 그 편지를 수신하는 각 교회의 상황에 꼭 맞는 것이며, 사데에 보낸 편지만 예외라고 생각할 이유는 없다. 특별히 사데 교회는 승천하신 주님이 "하나님의 일곱 영과 일곱 별"을 가지신 분임을 알아야만 했다. 일곱 별은 일곱 교회의 '사자'이며, 그들은 교회의 담임 사역자든 천국의 대리자든 즉, 교회를 상징한다.

일곱 영

그러나 '하나님의 일곱 영'은 누구 또는 무엇인가? 물론 특이한 표현이지만, 그것이 다름 아닌 성령 자신을 가리킨다는 것은 확실하다. 이 표현이 처음 등장하는 요한계시록 1장 4-5절을 통해 그런 추론이 가능하다. 요한은 "이제도 계시고 전에도 계셨고 장차 오실 이와 그의 보좌 앞에 있는 일곱 영과 또 … 예수 그리스도로 말미암아" 아시아의 일곱 교회에 은혜와 평강이 있기를 빌었다. 여기서 '일곱 영'은 은혜와 평강이 나오는 단일한 근원으로 영원하신 아버지와 예수 그리스도와 연계되어 있다. 일곱 영과 보좌의 근접성(계 4:5) 그리고 일곱 영과 예수 그리스도의 긴밀한 관계(계 5:6)가 일곱 영은 곧 성령이라는 동일한 결론을 뒷받침한다.

그렇다면 삼위일체 하나님의 한 분인 성령을 왜 군이 '일곱 영'으로 표현했을까? "여기서 성령은 인격적 단일체라기보다는 다차원적인 에너지로 묘사되고 있다"는 트렌치 대주교의 말이 그 해답이 될 것이다.

그래서 예수님은 자신이 '일곱 영'을 가지신 자임을 사데 교회에 일깨우신다. 성령은 곧 그리스도의 영이기 때문이다(롬 8:9). 예수님은 오순절 날 성령을 보내신, 즉 "부어 주"신(행 2:33) 분이기도 하다.

이 그리스도의 영은 곧 "생명의 성령"(롬 8:2)이시다. 니케아신조에 선포

된 대로 성령은 '주'이시며 '생명을 주시는 분'이다. 죽었거나 죽어가는 교회가 들어야 할 메시지가 이것 말고 또 무엇이 있겠는가? 우리의 형식적인 예배에 생기를 불어넣으시고 우리의 죽은 행위를 살려내 생명으로 박동하게 하실 수 있는 분은 성령이다. 그분은 죽어가는 교회를 구해 지역 사회에 생생한 영향력을 미치게 하실 수 있다. 그분의 생명력 있는 임재로 일단 충만해지면 우리의 행위와 예배와 증언은 모두 놀랍게 변한다. 하나님의 말씀은 우리가 성령으로 기도하고(유 1:20), 성령으로 전파하고(살전 1:5), 성령으로 예배하고(요 4:24), 성령으로 봉사하고(빌 3:3), 성령으로 행해야 한다고 가르친다(갈 5:16, 25). 침체된 교회는 성령으로 새롭게 되고, 잠자는 교회는 성령으로 깨어나고, 연약한 교회는 성령으로 강건하게 되고, 죽은 교회는 성령으로 살아날 수 있다.

일곱 별

예수님은 '일곱 영'과 아울러 '일곱 별'도 가지신 분이다. "영이 일곱인 것은 그 영이 운행하는 교회가 일곱인 까닭이다"(스위트). 어떤 식으로든 교회를 상징하는 일곱 별은 예수님의 오른손에 있다(1:16, 20). 그럼 일곱 영은 그분의 왼손에 있을까? 아, 그분이 두 손을 맞잡으시기만 한다면! 성령이 교회를 충만하게 채우시기만 한다면! 예수님은 그렇게 하기를 원하신다. 그분은 오순절 날 교회에 성령을 부어주신 분이 아니던가. 성령은 단번에 영원히 교회에 주어졌고, 교회의 모든 필요를 충족하신다. 오순절 날은 반

사데의 아르테미스 신전 유적

너희는 너희가 하나님의 성전인 것과
하나님의 성령이 너희 안에 계시는 것을
알지 못하느냐(고전 3:16).

복될 수 없기에 그분은 절대 다시 '부어질' 수 없다. 그때 성령은 우리와 영
원토록 함께 있으려고 오신 것이다(요 14:16). 그러나 자신의 임재를 완전히
거두지 않으심에도 그분은 '근심'하실 수 있고(엡 4:30) 심지어 '소멸'되실
수도 있다(살전 5:19).

21세기의 그리스도인들에게 "성령으로 충만함을 받으라"(엡 5:18)는 명령
보다 더 절박한 메시지는 없을 것이다. 성령은 우리 안에 거하신다. 하지만
우리 안에 충만하신가? 우리는 그분을 소유하고 있다. 하지만 그분이 우리

를 소유하고 계신가? 오직 우리가 성령의 권위에 복종하여 "성령으로 행"하고(갈 5:25) 계속 성령 충만을 구한다면, 우리 그리스도인들의 삶은 달라지고 교회 생활은 혁신될 것이다. "성령으로 충만함을 받으라"는 바울의 명령에 쓰인 동사는 현재 시제 수동태 명령형이다. 즉 "계속 충만함을 받으라", "충만해진 상태로 있으라"는 뜻이다. 그리스도의 교회가 그리스도의 영으로 충만할 때에만 영적인 죽음은 쫓겨나고, 살았다는 이름은 실체를 갖출 수 있다.

> 생명의 숨결이여, 오셔서 우리를 주관하소서.
> 생명과 능력으로 주의 교회를 다시 살리소서.
> 생명의 숨결이여, 오셔서 우리를 정화하소서.
> 주의 교회로 이 시대를 능히 감당하게 하소서.

예수님이 약속하시는 상급

이 편지도 이기는 사람에게 주시는 약속으로 끝나며, 이번에 약속된 상급도 이 교회에 꼭 맞는 것이다. 예수님이 사데에게 주시려는 것은 그들의 옷과 이름과 상관이 있다. 많은 사람들이 옷을 더럽혔으나 이기는 사람은 흰옷을 입을 것이다. 교회는 허울뿐인 이름을 얻었지만 이기는 사람의 이름은 천국에서 인정받을 것이다.

안쪽에서 바라본 사데 교회 유적

흰옷

첫째, "흰옷을 입고 나와 함께 다니리니 그들은 합당한 자인 연고라. 이기는 자는 이와 같이 흰옷을 입을 것이요"(3:4-5). 사데 교회에는 "그 옷을 더럽"힌 사람들이 많았는데(3:4), 이는 그들이 죄로 더러워졌다는 뜻이다. 하지만 세상의 악한 유혹을 물리친 사람들은 흰옷을 입고 천국에서 예수님과 교제를 누린다. 요한계시록에는 '흰 돌'(2:17), '흰 구름'(14:14), '백마'(19:11, 14), '크고 흰 보좌'(20:11) 등 흰색이 자주 나온다. 흰색이 축제와 승리를 표상하든 그렇지 않든, 또는 로마인들이 입던 긴 겉옷을 암시하든 그렇지 않든, 분명히 그것은 순결을 상징한다. 흰옷을 입은 사람들에 대해 성경은 "그들은 합당한 자"(3:4)라고 말한다.

그렇다고 이기는 사람들이 자격이 있어 상급을 얻는다는 말은 아니다. 그들이 받은 용서와 도덕적인 힘은 오직 예수님의 값없는 은혜로 말미암은 것이다. 요컨대 그들의 합당함은 예수님에게 빌려온 것이다. 하나님나라에 들어가기에 합당해지는 유일한 길은 우리를 위해 죽으신 예수님께 씻음을 받는 것이다. 요한계시록의 풍부한 이미지로 표현한다면, "어린 양의 피에 그 옷을 씻어 희게" 하는 것이다(계 7:14; 참조. 22:14).

하나님의 책

둘째, "내가 그 이름을 생명책에서 결코 지우지 아니하고 그 이름을 내 아버지 앞과 그의 천사들 앞에서 시인하리라"(3:5). 성경은 하나님이 책을 갖고 계시다고 말한다. 물론 이것은 상징일 뿐이지만 그 이면에 중대한 진리가 있다. 하나님은 이를테면 천국에 등기부를 두시고 자신의 사람들의 이름을 거기에 기록하신다. 그것을 "주께서 기록하신 책"이라고도 하고(출 32:32-33), 영적으로 죽은 사람들의 이름은 거기에 없으므로 '생명책'이라고도 한다(시 69:28). 또 그것은 "여호와를 경외하는 자와 그 이름을 존중히 여기는 자"들의 이름이 적혀 있는 '기념 책'이기도 하다(말 3:16). 간혹 그냥 '책'으로 나올 때도 있지만(단 12:1) '생명책'(빌 4:3; 계 20:15)이나 '어린 양의 생명책'(계 13:8; 21:27)으로 지칭될 때가 더 많다.

어느 날 책들이 열리고 죽은 사람들이 책들에 기록된 대로 심판을 받을 것이다. 누구든지 생명책에 이름이 기록되지 못한 사람은 '불못에 던져'진다(계 20:11-15).

우리도 사데 교회처럼 살았다는 이름은 있으나 하나님의 생명책에 기록되어 있지 않을 수 있음은 준엄한 사실이다. 우리의 이름이 교회의 교인 명부에는 있어도 하나님의 등기부에는 없을 수 있는 것이다. 그래서 예수님은 제자들에게 그들의 이름이 "하늘에 기록된 것으로" 기뻐하라고 말씀하셨다(눅 10:20; 참조. 히 12:23).

예수님이 사데의 이기는 그리스도인에게 주시는 은혜로운 약속은 생명책에서 그 이름을 지우지 않으시겠다는 것이다. 그리스어 문장에는 강조하기 위한 이중 부정이 사용되어, 예수님의 말씀은 "무슨 일이 있어도 절대 그 이름을 지우지 않겠다"는 뜻이 된다. 예수님은 이기는 사람의 이름을 천국의 등기부에서 지우시기는커녕 오히려 그 이름을 아버지와 천사들 앞에서 시인하겠다고 약속하신다. 이것은 그분이 사역 중에 "누구든지 사람 앞에서 나를 시인하면 나도 하늘에 계신 내 아버지 앞에서"(마 10:32) 그리고 "하나님의 사자들 앞에서 그를 시인할 것이요"(눅 12:8)라고 하셨던 말씀을

사데에 남아 있는 아르테미스 신전의 기둥들
사람의 크기와 비교하면 기둥이 얼마나 크고 육중한지 알 수 있다.

사데에 있는 아르테미스 신전의 유적

되풀이하신 것이다.

이 편지는 그렇게 끝난다. 우리는 사데 교회가 예수님의 메시지에 순종했기를 바랄 뿐이다. 설령 그들은 그러지 않았다 해도 우리는 그래야 한다. 우리가 위선이나 부리고 있기에는 이 문제가 너무 중대하다. 세상의 필요가 너무 절박하기에 우리는 종교로 장난을 치거나 하나님을 가지고 놀 여유가 없다. 살았다는 이름을 얻는 것만으로 부족하며, 우리는 하나님이 알고 기뻐하시는 내적인 실체와 순결함을 지녀야 한다. 우리는 옷을 더럽혀서도 안 되고 이름에 어긋나서도 안 된다. 그리스도의 살아 계신 영으로 충만해지면 우리는 이길 수 있다. 그럴 때 마침내 우리는 흰옷을 입고 천국에서 예수님과 함께 걷게 되며, 생명책에 지울 수 없이 새겨진 우리의 이름을 예수님은 하나님과 천사들 앞에서 시인하실 것이다.

창조의 성령이여, 오셔서 우리 삶을
생명과 천국의 불로 감화하소서.
값없이 주시는 일곱 배의 선물을
우리로 즐거이 받게 하소서.

성령의 순결한 기름 부음은
위로와 생명과 불같은 사랑이니
우리 인간의 눈먼 시력을
그 영원한 빛으로 치유하소서.

"볼지어다, 내가 네 앞에 열린 문을 두었으되 능히 닫을 사람이 없으리라.
내가 네 행위를 아노니 네가 작은 능력을 가지고서도
내 말을 지키며 내 이름을 배반하지 아니하였도다."

—

계 3:8

6
–

What Christ
Thinks of the
Church

빌라델비아 교회에 보낸 편지
기회

요한계시록 3:7-13

7 빌라델비아 교회의 사자에게 편지하라. 거룩하고 진실하사 다윗의 열쇠를 가지신 이 곧 열면 닫을 사람이 없고 닫으면 열 사람이 없는 그가 이르시되

8 볼지어다, 내가 네 앞에 열린 문을 두었으되 능히 닫을 사람이 없으리라. 내가 네 행위를 아노니 네가 작은 능력을 가지고서도 내 말을 지키며 내 이름을 배반하지 아니하였도다.

9 보라, 사탄의 회당 곧 자칭 유대인이라 하나 그렇지 아니하고 거짓말하는 자들 중에서 몇을 네게 주어 그들로 와서 네 발 앞에 절하게 하고 내가 너를 사랑하는 줄을 알게 하리라.

10 네가 나의 인내의 말씀을 지켰은즉 내가 또한 너를 지켜 시험의 때를 면하게 하리니 이는 장차 온 세상에 임하여 땅에 거하는 자들을 시험할 때라.

11 내가 속히 오리니 네가 가진 것을 굳게 잡아 아무도 네 면류관을 빼앗지 못하게 하라.

12 이기는 자는 내 하나님 성전에 기둥이 되게 하리니 그가 결코 다시 나가지 아니하리라. 내가 하나님의 이름과 하나님의 성 곧 하늘에서 내 하나님께로부터 내려오는 새 예루살렘의 이름과 나의 새 이름을 그이 위에 기록하리라.

13 귀 있는 자는 성령이 교회들에게 하시는 말씀을 들을지어다.

디디마에 있는 아폴로 신전의 유적
웅장한 기둥을 보노라면 "이기는 자는 내 하나님 성전에 기둥이 되게 하리니"라고
약속하신 하나님의 말씀이 떠오른다.

The Letter to Philadelphia
Opportunity

"볼지어다, 내가 네 앞에
열린 문을 두었으되"
—
3:8

빌라델비아는 사데에서 동남쪽으로 45킬로미터쯤 떨어져 있었다. 편지를 배달하는 일을 맡은 사람이 아시아의 일곱 교회를 순회하는 여정에서 다음에 도착할 곳이었다. 사데처럼 이곳도 트몰루스 산세에 묻혀 리디아의 비옥한 지역에 있었다. 빌라델비아는 헤르무스 강의 작은 지류인 코가무스 강변에 자리했는데 이 지역은 화산이 있어 위험했다. 고대의 역사가 스트라보는 빌라델비아를 '지진이 가득한 도시'라 불렀다. 땅의 진동이 잦아서 과거에는 많은 주민들이 더 안전한 집을 찾아 도시를 떠났다. 주후 17년에 사데를 초토화시킨 대지진에 빌라델비아도 완전히 파괴되다시피 했다.

빌라델비아 교회

그러나 주후 90년대까지 빌라델비아는 황제의 보조금을 받아 완전히 재건되었고, 그 도시 안에 예수 그리스도의 교회가 있었다. 바로 이곳이 일곱 통의 편지 중 여섯째 편지의 수신자다. 편지에는 승천하신 예수님이 자기 백성에게 주시는 따뜻한 칭찬이 담겨 있다. 사데 교회가 받은 편지가 거의 혹독한 책망 일색인 데 반해 빌라델비아가 받은 편지는 극진한 칭찬 일색이다. 다른 편지에서처럼 그분은 "내가 네 행위를 아노니"(3:8)라고 말을 떼신 뒤 "네가 … 내 말을 지키며 내 이름을 배반하지 아니하였도다"(3:8), 그리고 "네가 나의 인내의 말씀을 지켰은즉"(3:10)이라고 덧붙이셨다.

분명히 빌라델비아에는 그 당시에 박해가 있었지만 그리스도인들은 심한 압박 속에서도 신앙을 굳건하게 지켰다. 버가모에서 안디바가 처참한 순교를 당했듯이(참조. 2:13) 빌라델비아의 그리스도인들도 용감하게 믿음을 고수했다. 그들은 예수님을 위해 환난과 수치를 견디고 인내했으며, 유배된 요한과 더불어 예수 그리스도 안에서 '환난과 나라와 참음에' 동참했다(1:9).

빌라델비아 교회에 보낸 편지는 생생한 상징적인 묘사가 특히 두드러진다. 문과 열쇠와 기둥이 바로 그것이다. 우선 교회 "앞에 열린 문을 두었으되 능히 닫을 사람이 없으리라"(3:8)고 하셨고, 예수님은 "다윗의 열쇠를 가지신 이"(3:7)로 지칭되며, 이기는 자는 "내 하나님 성전에 기둥"이 될 것이다(3:12). 교회의 열린 문과 예수님의 만능열쇠와 천국의 기둥 사이에 존재하는 흥미로운 관계를 우리는 주의 깊게 살펴보아야 한다.

교회와 열린 문

예수님은 "볼지어다, 내가 네 앞에 열린 문을 두었으되 능히 닫을 사람이 없으리라"(3:8)고 말씀하신다. 활짝 열려 있어 아무도 닫을 수 없는 이 문은 무엇인가? 성경에서 흔히 '열린 문'은 기회의 문을 가리키며, 그렇기에 문이 닫히면 기회도 사라진다. 대개 이 은유는 크게 두 가지 의미로 사용된다.

구원의 기회

첫 번째 열린 문은 구원의 기회다. 일부 주석가들은 빌라델비아에 주신 편지에 나오는 '열린 문'이 바로 그런 의미라고 말한다. 하지만 문맥을 보면 그런 가능성은 희박하다. 그럼에도 문이 이런 의미로 쓰인 예가 성경의 다른 부분들에 아주 명백히 나타나 있으므로 우리는 그것을 제외시킬 수 없다. 예수님은 이 표현을 친히 두 번이나 사용하셨다. 산상수훈에서 그분은 "좁은 문으로 들어가라. 멸망으로 인도하는 문은 크고 그 길이 넓어 그리로 들어가는 자가 많고 생명으로 인도하는 문은 좁고 길이 협착하여 찾는 자가 적음이라"(마 7:13-14) 하고 말씀하셨다.

여기 두 개의 문이 있고 둘 다 열려 있다. 하나는 넓고 북적대는 대로로 열려 있으며, 이 완만한 내리막길은 지옥이라는 파멸로 끝난다. 다른 문은 인적이 뜸한 좁은 길로 열려 있으며, 이 가파른 오르막길은 영생으로 이어진다.

예수님의 가르침은 명백하지만 인기가 없다. 그분은 두 개의 길과 두 종착점만 대조하실 뿐 아니라 두 개의 문도 대조하신다. 하나는 넓고 하나는

고대의 빌라델비아이자 오늘날의 알라셰히르
기둥만 남은 옛 기독교 바실리카와 그 뒤로 보이는 이슬람 사원의 첨탑이 묘한 대조를 이룬다.

좁지만 둘 다 열려 있어 사람들을 부른다. 넓은 문은 공간이 확 트여 있어 아무나 무리에 휩쓸려 엉겁결에 들어서기 쉽다. 그러나 다른 문은 너무 낮아 몸을 낮추어야만 들어갈 수 있고, 또 너무 좁아 한 번에 한 명씩만 가까스로 들어갈 수 있다. 너무 비좁아 아무것도 가지고 갈 수 없으므로 우리의 죄와 이기심 같은 것은 뒤에 버려야 한다.

이렇듯 비록 한 문은 넓어 많은 사람들이 몰려들고 다른 문은 좁고 낮아 소수만 조용히 들어갈지라도, 어쨌든 둘 다 열려 있어 사람들을 들어오라고 부른다.

섬김의 기회

두 번째 열린 문은 섬김의 기회이며, 이것을 덧붙이는 것은 중요하다. 그렇지 않으면 우리는 자신의 구원에만 관심이 있다는 인상을 주게 될 것이다. "우리의 믿음이 우리를 이기심에서 구원하여 섬김에 들어가게 하지 않는 한, 결코 우리를 지옥에서 구원하여 천국에 들어가게 할 수 없다"고 한 마크 가이 피어스Mark Guy Pearce의 말은 지혜롭고 옳다. 예수 그리스도를 통해 하나님께 값없는 구원을 선물로 받은 그리스도인들은 동료 인간들의 물리적, 영적 행복에 깊은 관심을 갖는다. 구원의 문으로 들어간 그들은 서둘러 섬김의 문으로 나와 다른 사람들을 찾아서 (예수님의 표현으로) "강권하여 채운다."

다메섹 문을 지나 예루살렘 구시가지로 들어가는 이스라엘 사람들

광대하고 유효한 문

빌라델비아 교회 앞에 열려 있던 문은 기회의 문이 분명하다. 1세기의 로마 제국에는 복음을 전파할 수 있는 문이 많았고, 넓게 열려 있었다. '로마의 평화'가 지속된 덕분에 그리스도인 전도자들은 비교적 자유롭게 사역할 수 있었다. 그들은 공용어인 그리스어를 쓰고, 잘 닦인 로마의 도로망을 이용하며, 칠십인역(그리스어) 구약성경을 교재로 활용할 수 있었다. 게다가 어디를 가나 고민하는 생각과 굶주린 마음을 만났다. 이교의 낡은 미신들은 폐기되고 있었고, 성령께서 평범한 남녀들의 생각과 갈망을 휘저었다. 그래서 수많은 영혼들이 목말라하며 애타게 생명수를 찾았으며, 바울은 어디서나 그런 모습을 보았다.

유명한 제3차 선교 여행 중에 사도 바울은 에베소에 3년을 머물며 강당을 빌려 대중 앞에서 강연하는가 하면 개인적으로 사람들을 만나러 집으로 찾아갔다. 밤낮으로 부지런히 복음을 전한 그는 이 시기에 대해 "내게 광대하고 유효한 문이 열렸"다고 썼다(고전 16:9). 나중에 그 당시 세계의 수도라 할 수 있는 로마에 이르러 2년 동안 가택 연금 상태로 지낼 때도 바울은 유대인, 로마 병사, 도망친 노예 오네시모 할 것 없이 자기를 찾아오는 모든 이들에게 그리스도를 전했다. 그러나 이 모든 기회로도 그는 만족하지 않았다. 바울은 골로새의 그리스도인 친구들에게 "우리를 위하여 기도하되 하나님이 전도할 문을 우리에게 열어주사 그리스도의 비밀을 말하게 하시기를 구하라. 내가 이 일 때문에 매임을 당하였노라. 그리하면 내가 마땅히 할 말로써 이 비밀을 나타내리라"고 기록했다(골 4:3-4; 참조. 고후 2:12).

맹렬한 박해

예수님은 빌라델비아에도 문을 열어두셨다. 그러나 에베소처럼 빌라델비아에도 열린 문과 아울러 많은 문제가 있었는데(참조. 고전 16:9), 본문에 세 가지가 암시되어 있다. 첫째, 빌라델비아 교회는 형편없이 연약했다. 예수님은 "내가 ⋯ 아노니 네가 작은 능력을 가지고서도"(3:8)라고 말씀하신다. 아마도 교세가 작았거나 주로 낮은 계층의 사람들로 구성되었을 것이다. 그래서 그들은 도시에 별 영향을 끼치지 못했지만, 그렇다고 전도를 그만두지는 않았다. 둘째, 빌라델비아 교회에는 박해가 있었다. 박해를 가한 사람들은 서머나의 경우처럼(2:9) 그 도시의 유대인들이었던 것 같다. 그들은 메시아의 복음에 어찌나 격렬히 저항했던지, 다시 한 번 하나님의 회당이 아닌 사탄의 회당, 곧 "자칭 유대인이라 하나 그렇지 아니하고 거짓말하는 자들"(3:9)로 지칭되고 있다.

이렇게 박해가 맹렬하다 보니 아마 빌라델비아의 그리스도인들은 자신들의 일에만 신경 쓰며 침묵하고 싶은 유혹을 느꼈을 것이다. 공연히 긁어 부스럼을 만들 것이 아니라 자중하는 것이 용기라고 말하는 교인들도 있었을 것이다. 그러나 예수님의 생각은 달랐다. 오히려 유대인의 적대감이 너무 강했던 이 도시에 예수님은 복음의 문을 여셨다. 심지어 그분은 신자들이 담대히 나가 전하기만 한다면 유대인 몇몇이 복음을 받아들일 것이라고 명백히 말씀하신다! "사탄의 회당 ⋯ 중에서 몇을 네게 주어 그들로 와서 네 발 앞에 절하게 하고 내가 너를 사랑하는 줄을 알게 하리라"(3:9).

여기서 유대인의 회심자들은 전쟁터의 포로로 묘사된다. 그들 자신도 그 이미지에 익숙했을 것이다. 오래전에 선지자는 그들에 관해 "너를 괴롭히

알라셰히르의 성 요한 교회 유적
지금은 세 개의 기둥만 남아 있다.

던 자의 자손이 몸을 굽혀 네게 나아오며 너를 멸시하던 모든 자가 네 발 아래에 엎드"릴 것이라고 예언했다(사 60:14). 그런데 이제 입장이 바뀌었다. 이방인이 유대인의 발아래 무릎을 꿇는 것이 아니라 유대인이 그리스도인들 앞에 절하게 된 것이다. 물론 숭배한다는 뜻이 아니라 예수님의 공동체를 하나님이 사랑하시는 새로운 참 이스라엘로 겸손히 인정한다는 뜻이다.

앞으로 닥쳐올 환난

빌라델비아의 그리스도인들이 가는 길에 놓인 세 번째 장애물은 앞으로 닥쳐올 환난이었다. 박해의 먹구름이 몰려오고 있었고 언제라도 폭풍이 들이칠 듯했다. 아무래도 지금은 전도하고 확장할 때가 아니라 축소하고 정리할 때인 것만 같았다. 하지만 이번에도 예수님의 생각은 달랐다. 방금 전에 임박한 시련을 경고하신 그분이 곧바로 그들에게 두려움 없이 열린 문으로 들어가라고 촉구하신다. 뿐만 아니라 그분은 "내가 또한 너를 지켜 시험의 때를 면하게 하리니 이는 장차 온 세상에 임하여 땅에 거하는 자들을 시험할 때라"(2:10) 하고 약속하신다. 그들이 그분의 말씀을 지켰은즉, 이제 그분이 그들을 다치지 않게 지키시겠다고 하신 것이다. 그분은 그들의 고난을 없애지는 않으시지만 그 고난 속에서 그들을 붙드실 것이다.

빌라델비아의 신자들과 대조적으로 오늘날의 우리 그리스도인들은 얼마나 쉽게 포기하는가! 전도하라는 도전을 회피하기 위해 우리가 대는 핑계들은 참으로 그럴듯하다. 우리는 힘이 없고 연약하다고 말한다. 박해가 심하고 고생과 위험이 닥칠 것이 분명하니 경거망동하지 말자고 말한다. 상황이 좋아질 때까지 기다리자고 말한다. 성경에도 "잠잠할 때가 있고 말할 때가 있"다고 하지 않았던가. 그야 물론 그렇지만, 마귀는 성경을 잘못 인용하고 잘못 적용하는 데 능하다. 교회의 연약함도 현재나 미래의 박해도 우리를 침묵하게 할 수는 없다. 빌라델비아 교회는 그 모든 악조건을 갖추었지만 예수 그리스도는 바로 그 교회 앞에 섬김의 문을 여셨다.

그분은 이미 그들에게 "네가 … 내 말을 지키며 내 이름을 배반하지 아니하였도다"(3:8)라고 말씀하셨다. 하지만 이러한 소극적인 자세가 복음을 적극적으로 증언하는 일을 대신할 수는 없었다! 빌라델비아의 교인들은 예수님의 말씀을 지켰으니 이제부터 그 말씀을 전파해야 했다! 그들은 예수님의 이름을 배반하지 않았으니 이제부터 적극적으로 그분의 이름을 선포해야 했다!

전략적 위치

예수님이 무엇 때문에 빌라델비아에 복음의 문을 열어두셨는지는 확실히 알 수 없다. 일부 학자들의 말대로, 이 교회가 받은 남다른 기회들은 아마도 도시의 지정학적 위치 때문이었을 것이다. 윌리엄 램지 경에 따르면, 주전 2세기에 이 도시를 건설한 사람은 "그곳을 그리스와 아시아 문명의 중심지요 리디아와 브루기아의 동부 지방에 그리스어와 풍습을 전하는 발판으로 삼으려는" 의도로 건설했다. 이 도시는 한때 그리스의 문화를 위해 감당했던 역할을 이제 기독교의 복음을 위해 감당해야 했다. 빌라델비아는 내륙의 심장부에 화살처럼 꽂힌 로마의 대로 선상에 건축되었고, 미시아와 리디아와 브루기아가 만나는 지점에 있었다. 램지는 그곳을 중앙의 고원으로 가는 '관문의 수문장'이자 '동부 지방의 문턱'에 있다고 표현했다. 이처럼 빌라델비아 교회에는 하나님나라와 은혜의 기쁜 소식을 사방에 두루 전할 기회가 주어졌다. 문이 열렸고 능히 그 문을 닫을 사람이 없었다. 그들은 그 문으로 지나서 나가야만 했다!

열린 문

오늘날 세계 도처에 있는 교회들도 마찬가지다. 물론 일부 닫힌 문도 있지만 열린 문도 아주 많다. 다 채울 수 없을 만큼 빈자리도 많고 다 취할 수 없을 만큼 기회도 많은데, 제대로 갖추어진 사람들이 부족할 뿐이다. 유능하게 훈련되었으면서 예수님께 온전히 헌신된 남녀들이 부족한 것이다. 교회에는 생명과 안정과 출세와 명성도 아까워하지 않고 예수님을 위해 모든 것을 해로 여길 사람들, 그렇게 사도적인 열정을 지닌 그리스도인들이 절실히 필요하다. 열린 문은 많지만 그리로 들어갈 사람들이 적을 뿐이다.

그리스도인의 균형 잡힌 삶은 곧 주고받는 삶이다. 예수님은 "너희가 거저 받았으니 거저 주라"고 하셨다. 먼저 우리는 그분이 주시는 것을 감사로 받는다. 그리고 그분이 달라고 하시는 것을 기쁘게 드린다. 그분은 우리 앞에 구원과 섬김이라는 열린 문을 두셨으며, 한 문으로 들어가 구원을 받고 다른 문으로 나가 섬김을 베풀라고 우리에게 명하신다. 먼저 첫째 문을 통과하지 않고는 둘째 문도 통과할 수 없다. 예수님은 "내가 문이니 누구든지 나로 말미암아 들어가면 구원을 받고 또는 들어가며 나오며 꼴을 얻으리라"(요 10:9)고 말씀하셨다.

예수님과 다윗의 열쇠

빌라델비아 교회 앞에 두신 열린 문에 대해 말씀하시기 전에 예수님은 이런 의미심장한 말로 편지를 시작하신다. "거룩하고 진실하사 다윗의 열쇠를 가지신 이 곧 열면 닫을 사람이 없고 닫으면 열 사람이 없는 그가 이르시되"(3:7). 우선 예수님은 자신이 하나님임을 인식하고 계신다. "거룩하신 이"란 구약성경에서 여호와 하나님이 자신에게 쓰신 호칭인데(참조. 사 40:25), 지금 예수께서 그 호칭을 스스럼없이 자연스레 자신의 것으로 취하신다. 또 그분은 거룩하실 뿐만 아니라 진실하시며, 그래서 모든 악과 죄를 미워하신다. 그분은 의의 완성이시고 모든 예언의 성취이시다. 그분이 성취하신 구약의 예언 중 하나가 여기에 언급되어 있는데, 그것은 바로 그분이 가지셨다고 선포하신 '다윗의 열쇠'에 관한 것이다. 이제 우리의 생각은 열린 문에서 그 문을 연 열쇠로 옮겨간다. 교회 앞에 문이 열려 있는 이유는 그 열쇠가 예수님의 손안에 있기 때문이다.

다윗의 열쇠

이 표현은 이사야서 22장에서 따온 것으로 본래 엘리아김이라는 사람에게 쓰인 것이다. 그는 유다 왕국을 대표해 앗수르의 랍사게와 협상하도록 뽑힌 3인의 대표단 중 하나였다(왕하 18:17-18). 왕궁에서 높은 지위를 차지하고 있던 그였기에 그것은 당연한 일이었다. 그는 히스기야 왕실의 청지기였는데, 하나님은 그에게 그 권세를 주시면서 그를 "예루살렘 주민[의] 아버지"라고 부르셨고 "내가 또 다윗의 집의 열쇠를 그의 어깨에 두리니 그

소아시아에 위치한 고대 도시 페르게(버가)의 극장 벽에 새겨진 부조

구시가지 방향으로 난 예루살렘의 다메섹 문은
오늘날에도 가장 붐비는 출입구 중 하나다.

가 열면 닫을 자가 없겠고 닫으면 열 자가 없으리라"(사 22:21-22)고 덧붙이셨다.

엘리아김이 예수 그리스도의 예표 내지 그림자라는 사실은 어렵지 않게 알 수 있다. 예수님은 하나님의 집인 교회의 머리이시기 때문이다. 그분이 '진짜' 청지기이며 엘리아김은 그 모형이었다. 하나님의 "집을 맡은 아들로서" 신실하셨던 그분께(히 3:6) 하나님은 "하늘과 땅의 모든 권세를" 주셨다(마 28:18). 그러므로 "사망과 음부의 열쇠"(계 1:18)뿐 아니라 구원과 섬김의 열쇠를 가지신 분은 바로 예수님이시다. 예수님이 문을 열지 않으시면 아무도 들어갈 수 없고, 그분이 다시 문을 닫으시면 역시 아무도 들어갈 수 없다. 하나님이 엘리아김에 대해 하신 말씀처럼 예수님은 자신에 대해 "열면 닫을 사람이 없고 닫으면 열 사람이 없는 그"(3:7)라고 하셨다. 그러므로 문이 교회의 기회를 상징한다면 열쇠는 그리스도의 권세를 상징한다.

구원의 열쇠

첫째, 예수님은 구원의 문을 여는 열쇠를 가지고 계신다. 좁은 문으로 들어가 생명으로 인도하는 좁은 길을 걸으려 하는가? 예수 그리스도께 그 열쇠가 있다. 오직 그분만이 이 문을 여실 수 있다. 말이 난 김에 말이지만, 열쇠는 베드로의 손이 아닌 예수님의 손에 있다. 물론 예수님은 베드로에게 "내가 천국 열쇠를 네게 주리니"(마 16:19)라고 말씀하셨고, 과연 베드로는 그 열쇠를 사용했다. 오순절에 첫 유대인들이 회심한 것도 베드로가 전파한 복음을 통해서였고, 첫 사마리아 신자들에게 성령이 임하신 것도 베드로(요한과 함께)의 안수를 통해서였으며, 첫 이방인들인 로마의 백부장 고

넬료와 그 식솔들이 복음을 듣고 믿어 세례를 받은 것도 베드로의 사역을 통해서였다. 이렇듯 베드로는 맡겨진 열쇠를 사용하여 첫 유대인들(행 2:14-41), 첫 사마리아인들(행 8:14-17), 첫 이방인들(행 10:44-48)에게 천국을 열었다. 그러나 이제 열쇠는 다시 예수님의 손안에 있다. 오늘날 인간들이 조금이라도 그 열쇠를 사용한다면 그것은 오직 그들이 죄인들이 믿어 구원을 얻는 복음을 전파할 특권을 받았다는 부차적인 의미에서만 그렇다.

구원의 열쇠는 예수님의 손안에 있다. 정말 그분은 모든 믿는 사람들에게 천국의 문을 열어두셨다. 그분은 "내가 네 앞에 열린 문을 두었으되"(3:8)라고 말씀하신다. 두었다는 말에 완료형 시제가 쓰였는데, 이는 먼 옛날 그분이 단번에 영원히 문을 여셨기 때문이다. 그래서 이 문은 지금도 열려 있다. 어째서 지금도 열려 있을까? 좁은 문의 문턱에 십자가가 서 있기 때문이다. 거기서 구주는 우리를 위해 죽으셨고, 죄가 없으신 그분이 우리의 죄를 자기 몸에 지셨다. 죽을 이유가 없는 그분이 우리가 받을 형벌을 대신 받으셨고, 우리의 죄에 당연히 따라야 할 심판을 무죄하신 그분이 대신 당하셨다. 그것이 바로 지금도 문이 열려 있는 이유다. 이제 어떤 죄인도 하나님이 임재하시는 지성소에 들어갈 수 있을 뿐 아니라 "예수의 피를 힘입어" 담대히 들어갈 수 있다. "그 길은 우리를 위하여 휘장 가운데로 열어놓으신 새로운 살길이요 휘장은 곧 그의 육체니라"(히 10:19-20).

우리는 오랜 세월 동안 정처 없이 샛길을 헤매며 지쳤는지도 모른다. 그러나 이제 영광에 이르는 정로正路에 발을 내디딜 수 있다! 예수님은 살아계신 분이며 죽었다가 살아나 사망의 열쇠를 가지신 분이다. 그분은 "내가 네 앞에 열린 문을 두었으되 능히 닫을 사람이 없으리라"(3:8) 하고 말씀하신다. 하지만 어느 날 그 문은 다시 닫힐 것이다. 예수님이 직접 닫으실 것이고, 그 문을 열었던 열쇠가 다시 그 문을 잠글 것이다. 그분이 닫으시면 능히 열 사람이 없다. 문 안에 들어가는 것도 들어가지 못하는 것도 오직 그분의 권한이다.

굳게 닫힌 문

문 안에 들어가지 못하는 사람들도 있다. 많은 사람들이 이 사실을 잘 받아들이지 못한다. 그들은 예수님이 친히 하신 말씀을 들어야 한다.

²⁴좁은 문으로 들어가기를 힘쓰라. 내가 너희에게 이르노니 들어가기를 구하여도 못하는 자가 많으리라. ²⁵집 주인이 일어나 문을 한 번 닫은 후에 너희가 밖에 서서 문을 두드리며 주여 열어주소서 하면 그가 대답하여 이르되 나는 너희가 어디에서 온 자인지 알지 못하노라 하리니 ²⁶그때에 너희가 말하되 우리는 주 앞에서 먹고 마셨으며 주는 또한 우리를 길거리에서 가르치셨나이다 하나 ²⁷그가 너희에게 말하여 이르되 나는 너희가 어디에서 왔는지 알지 못하노라. 행악하는 모든 자들아 나를 떠나가라 하리라. ²⁸너희가 아브라함과 이삭과 야곱과 모든 선지자는 하나님나라에 있고 오직 너희는 밖에 쫓겨난 것을 볼 때에 거기서 슬피 울며 이를 갈리라(눅 13:24-28).

특히 교회에 다니는 우리는 예수님의 이 준엄한 말씀을 귀담아 들어야 한다. 마지막 날에 우리는 굳게 닫힌 문을 두드리게 될지도 모른다. 예수님이 "나는 너희를 알지 못하노라" 하시면 우리는 분개하여 "하지만 우리는 주님 앞에서 먹고 마셨습니다. 성찬식에서 빵도 떼고 포도주도 마셨습니다"라고 대답할 것이다. 그러나 여전히 그분은 "나는 너희가 어디에서 온 자인지 알지 못하노라" 하고 말씀하실 수 있다. 다시 말해, 세례를 받고 성찬에 참여하는 교인이 되고도 여전히 구원의 문 밖에 남는 일은 얼마든지 가능하다. 우리는 예수님께 나와 이렇게 고백해야 한다.

> 큰 죄에 빠진 날 위해
> 주 보혈 흘려주시고
> 또 나를 오라하시니
> 주께로 거저 갑니다.

일단 십자가 앞에 겸손히 무릎을 꿇었으면 아직 늦지 않았다. 얼른 일어나 문 안으로 들어가면 된다.

섬김의 열쇠

둘째, 예수님은 섬김의 문을 여는 열쇠를 가지고 계신다. 성경의 인물들이 세상을 다스리시는 하나님의 주권을 우리보다 민감하게 의식했다는 데는 의문의 여지가 없다. 그들은 닫힌 문을 억지로 부술 권리가 인간에게 있다고 믿지 않았으며, 이는 신구약 모두에 분명히 나타난다. 일례로 페르시아의 정복자였던 고레스의 군사력이 정말 문제가 되었을까? "여호와께서 그의 기름 부음을 받은 고레스에게 이같이 말씀하시되 내가 그의 오른손을 붙들고 그 앞에 열국을 항복하게 하며 내가 왕들의 허리를 풀어 그 앞에 문들을 열고 성문들이 닫히지 못하게 하리라. 내가 너보다 앞서 가서 험한 곳을 평탄하게 하며 놋문을 쳐서 부수며 쇠빗장을 꺾고"(사 45:1-2). 또 하나님이 교회의 기도에 응답하셔서 사도 베드로는 헤롯의 감옥에서 기적적으로 풀려나 손에서 쇠사슬이 벗겨지지 않았던가? 그가 천사에 이끌려 "첫째와 둘째 파수를 지나 시내로 통한 쇠문에 이르니 문이 저절로 열"렸다(행 12:1-11). 바울과 바나바도 제1차 선교 여행 때 육지와 바다와 구릉과 골짜기와 산지와 늪을 지나지 않았던가? 그들은 구박받고 미움받고 돌에 맞으면서도 많은 영혼들을 예수님께 인도하고자 오히려 은혜를 베풀지 않았던가? 거기에는 그만한 이유가 있었다. 안디옥으로 돌아온 그들은 "교회를 모아 하나님이 함께 행하신 모든 일과 이방인들에게 믿음의 문을 여신 것을 보고"했다(행 14:27).

열쇠를 가지고 계신 분도 예수님이고 문을 여시는 분도 예수님이다. 우리가 아직 닫혀 있는 문으로 다짜고짜 난입하려는 것은 무분별한 짓이다. 그분이 열어주실 때까지 기다려야 한다. 무모하거나 지혜롭지 못한 전도 때문에 예수님의 사역이 끊임없이 피해를 입고 있다. 물론 친구와 친척과 이웃과 동료를 예수님께 인도하려는 것은 옳은 일이지만, 때로 우리는 하나님보다 훨씬 급하게 행동한다. 우리는 인내하고 열심히 기도하고 많이 사랑하며, 하나님이 주실 전도의 기회를 기다리고 기대해야 한다.

우리의 미래를 향한 하나님의 불확실한 뜻에도 이와 같은 원리가 적용된다. 게으름과 지체보다 서두름과 조급함 때문에 발생하는 과오가 더 많을 것이다. 하나님의 뜻은 대개 천천히 무르익는다. 문이 닫혀 있는데 힘으로 밀고 들어가려는 것은 어리석다. 우리는 예수님이 열쇠를 꺼내 열어주실 때까지 기다려야 한다.

"건너와서 우리를 도우라"

물론 많은 문들이 이미 활짝 열려 있다. 예수님은 열쇠를 사용하셨고 많은 자물쇠를 돌리셨고 많은 빗장을 푸셨다. 그분은 많은 문을 열어두셨다. 문 저편에는 지금도 "건너와서 우리를 도우라"며 우리를 부르는 이들이 무수히 많다.

우리는 그들의 간청에 모른 척 귀를 막아서는 안 된다. 세계 복음화에 깊이 헌신한다는 점에서 모든 그리스도인은 세계적인 그리스도인이 되어야 한다. 물론 우리 모두가 직접 열린 문으로 들어가도록, 즉 다른 문화권에 가서 복음을 전하도록 부름받은 것은 아니다. 그러나 열린 문들로 반드시 복음이 들어갈 수 있도록 우리는 기도와 헌금과 격려로 책임을 분담해야 한다.

우리는 또 세계적인 그리스도인만 아니라 지역적인 그리스도인이 되어, 자신의 교회가 위치한 지역에 관심을 가져야 한다. 이 사명에 우리 모두가 각자의 몫을 담당해야 한다. 이것이 예수께서 빌라델비아 교회에 주신 메시지다. 그분의 말씀은 한 개인에게만 주신 것도 아니고, 안수받은 지도자나 다른 지도자에게 주신 것도 아니며, 교회 안의 일부 선택된 사람들에게 주신 것도 아니다. 이는 온 교회에 주신 말씀이며, 그분은 빌라델비아의 온 교회 앞에 문을 열어두셨다. 전도는 목사나 전문 사역자들만의 특전도 아니고 일부 광신자들의 취미도 아니다. 전도는 온 회중과 그 안의 모든 구성원에게 부여된 의무다.

그리스도인 개개인만 전도로 부름받은 것이 아니라 모든 지역교회도 하나의 공동체로서 구성원들을 선교에 동원할 사명이 있다. 여기에는 세심한 훈련 프로그램, 전 교구의 꾸준한 심방, 가정 전도의 개발, 복음을 전할 특별한 행사의 기획 등이 포함된다. 이것도 다 예수님이 열어두신 문들의 일부이며, 우리는 반드시 그 문들로 들어가야 한다. 열쇠는 예수님께 있지만 선택은 우리의 몫이다.

하나님의 성전의 기둥

이번에도 예수님은 권고로 만족하지 않으시고 훈계에 약속을 더하신다. "내가 속히 오리니 네가 가진 것을 굳게 잡아 아무도 네 면류관을 빼앗지 못하게 하라"(3:11). 빌라델비아의 그리스도인들은 전진할 뿐만 아니라 견고히 서야 했고, 어떤 원수에게도 상급을 빼앗겨서는 안 되었다. 뒤이어 이기는 사람에게 주시는 특별한 약속이 나온다. "이기는 자는 내 하나님 성전에 기둥이 되게 하리니 그가 결코 다시 나가지 아니하리라. 내가 하나님의 이름과 하나님의 성 곧 하늘에서 내 하나님께로부터 내려오는 새 예루살렘의 이름과 나의 새 이름을 그이 위에 기록하리라"(3:12). 열심히 전도하는

굳게 닫힌 문
예루살렘에서 정통파 유대인들이 거주하는
메아 셰아림(Mea Shearim) 지역에 있다.

빌라델비아의 교인들에게 이보다 더 적절한 상급이 무엇이겠는가? 이 약속은 우리에게도 똑같이 해당된다. 이생에서 쉬운 길을 버리면 우리는 내세에 천국에서 하나님의 성전의 기둥이 된다. 삼손이 밀어도 무너지거나 요동하지 않을 만큼 든든하고 안전한 기둥이 된다. 빌라델비아의 그리스도인들은 지진의 충격을 우려하며 살지 모르지만, 천국의 기둥으로 세워지면 아무것도 그들을 흔들 수 없다.

순례자의 삶

이렇듯 이생에서 순례자가 되면 우리는 내세에 기둥이 된다. 담대히 섬김의 문으로 나가면 우리는 안전한 낙원에서 영영 추방되지 않는다. 세상에서 예수님을 위해 우리의 이름을 버리면 내세에서 우리의 기둥에 세 이름이 영원히 새겨진다. 첫째는 하나님의 이름이요 둘째는 새 예루살렘(승리한 교회)의 이름이요 셋째는 예수님 자신의 새 이름이다. 다시 말해 (이름이란 그 이름의 주인을 나타내므로) 우리는 영원히 하나님과 예수님과 그분의 사람들에게 속할 것이며, 그 셋을 아는 지식에서 계속 자라갈 것이다. 이것이 열린 문으로 용감히 나가 악의 세력과 싸워 이기는 모든 사람이 장차 될 모습이다. 이것은 예수님의 약속이며 진실한 약속이다.

여섯 번째 편지의 공부를 마무리하면서 우리는 이것이 우리 시대에도 그대로 해당된다는 것을 안다. '열린 문'은 교회의 기회를, '다윗의 열쇠'는 예수님의 권세를, 그리고 '하나님의 성전의 기둥'은 이기는 사람이 누릴 안전을 상징한다. 열쇠는 예수님께 있는데, 그분은 문을 열어두셨다. 예수님은 하나님의 성전의 육중한 기둥들처럼 우리를 안전하게 하겠다고 약속하신다. 이제 남은 것은 우리의 반응이다. 문은 여전히 열려 있으며, 예수님은 먼저 구원의 문으로 들어오고 이어 섬김의 문으로 나가라고 우리를 부르고 계신다.

"네가 이같이 미지근하여 뜨겁지도 아니하고
차지도 아니하니 내 입에서 너를 토하여버리리라."

—

계 3:16

7
–

*What Christ
Thinks of the
Church*

라오디게아 교회에 보낸 편지

전심

14 라오디게아 교회의 사자에게 편지하라. 아멘이시요 충성되고 참된 증인이시요 하나님의 창조의 근본이신 이가 이르시되

15 내가 네 행위를 아노니 네가 차지도 아니하고 뜨겁지도 아니하도다. 네가 차든지 뜨겁든지 하기를 원하노라.

16 네가 이같이 미지근하여 뜨겁지도 아니하고 차지도 아니하니 내 입에서 너를 토하여 버리리라.

17 네가 말하기를 나는 부자라 부요하여 부족한 것이 없다 하나 네 곤고한 것과 가련한 것과 가난한 것과 눈먼 것과 벌거벗은 것을 알지 못하는도다.

18 내가 너를 권하노니 내게서 불로 연단한 금을 사서 부요하게 하고 흰옷을 사서 입어 벌거벗은 수치를 보이지 않게 하고 안약을 사서 눈에 발라 보게 하라.

19 무릇 내가 사랑하는 자를 책망하여 징계하노니 그러므로 네가 열심을 내라 회개하라.

옛 라오디게아의 경기장 유적
지금은 몇 개의 아치만 남아 있다.

20 볼지어다. 내가 문 밖에 서서 두드리노니 누구든지 내 음성을 듣고 문을 열면 내가

그에게로 들어가 그와 더불어 먹고 그는 나와 더불어 먹으리라.

21 이기는 그에게는 내가 내 보좌에 함께 앉게 하여주기를 내가 이기고 아버지 보좌에

함께 앉은 것과 같이 하리라.

22 귀 있는 자는 성령이 교회들에게 하시는 말씀을 들을지어다.

일곱 통의 편지에서 예수 그리스도는 살아 있는 참 교회의 특징이 되어
야 할 표지를 하나씩 강조하신다. 에베소의 그리스도인들은 예수님을 향한
순수한 첫사랑을 회복해야 했고, 서머나의 그리스도인들은 타협하지 않으
면 반드시 고난이 온다는 경고를 받았다. 버가모 교회는 오류 앞에서 진리
를, 두아디라 교회는 죄악 가운데서 의를 수호해야 했다. 사데 교회는 외적
인 허영이 아닌 내적인 실체가 필요했고, 빌라델비아 교회 앞에는 부활하
신 주님께서 복음을 전할 기회의 문을 열어두시고 그들에게 담대히 들어가
라고 명하신다. 이제 일곱 번째 편지의 수신자는 라오디게아 교회인데, 이
편지에는 자만에 대한 매서운 책망과 전심을 다하라는 애틋한 호소가 어우
러져 있다.

라오디게아

빌라델비아에서 동남쪽으로 65킬로미터쯤 가면 리쿠스 강 유역에 유명한 세 도시가 모여 있다. 강 북편에는 히에라볼리가 있고 남편 기슭에는 15킬로미터 정도의 거리를 두고 라오디게아와 골로새가 자리하고 있다. 그러니까 라오디게아는 편지를 받는 일곱 교회 중 가장 남쪽, 에베소의 거의 정동쪽에 있는 셈이다.

라오디게아는 브루기아 남부의 중심 도시로 상당히 유명한 곳이었으나 그곳에 복음의 씨앗이 뿌려진 시기나 교회가 뿌리를 내린 경위는 아무도 모른다. 아마 사도 바울은 리쿠스 유역의 도시들을 한 번도 방문한 적이 없을 것이다. 그러나 그는 골로새 교회에 편지를 쓸 때 라오디게아 교회에도 따로 편지를 썼다(골 4:16). 사실 많은 학자들은 바울이 라오디게아에 보낸 편지가 다름 아닌 '에베소서'라고 보고 있다. 에베소서의 가장 오래되고 가장 정확한 세 사본의 첫머리에 '에베소'라는 말이 없기 때문이다. 그렇다면 에베소서는 라오디게아에 첫 번째로 보내진 회람용 편지였을 수 있다. 아울러 골로새서에 에바브라가 두 차례 언급된 것은 골로새에 복음을 전한 사람이 그였고 그가 라오디게아와도 유대가 있었음을 시사한다(골 1:7; 2:1; 4:12-16). 그러므로 라오디게아 교회를 세운 사람은 어쩌면 에바브라일 수 있다.

엄한 책망의 편지

언제 설립되어 초창기에 어떻게 부흥했는지는 몰라도 요한이 편지를 보낸 당시에 라오디게아 교회는 침체되어 있었다. 그래서 예수님은 그곳에 일곱 통의 편지 중 가장 엄한 편지를 보내신다. 이 편지에는 책망만 많고 칭찬은 없다. 라오디게아 교회는 어느 특별한 죄나 오류에 물든 것도 아니고, 그렇다고 편지에 이단자나 악을 행하는 사람이나 박해자에 대한 언급도 없다. 그러나 라오디게아의 그리스도인들은 "차지도 아니하고 뜨겁지도 아니하"여(3:15) 전심全心이 부족했다. 그래서 영어로 'Laodicean'이라는 형용사는 종교나 정치나 그 밖의 분야에 미온적인 사람을 수식하는 말이 되었다.

일곱 통의 편지 중 21세기 초의 교회에 이보다 더 적절한 편지는 없을 것이다. 오늘날 우리 가운데에는 이름뿐인 점잖은 신앙, 다분히 감상적이고 피상적인 신앙이 만연되어 있는데, 바로 그런 현실이 이 편지에 생생히 묘사되어 있다. 우리 기독교는 무기력한 빈혈 증세를 보이고 있으며, 우리는 마치 미지근한 종교로 목욕한 사람들 같다. '차지도 않고 뜨겁지도 않다'는 표현은 아마도 "히에라볼리의 온천을 암시한 것으로, 고원을 넘는 동안 미지근해진 온천물은 그 상태로 라오디게아 맞은편의 절벽으로 흘러내렸다"(스위트).

하나님을 위해 불타올라야 한다

라오디게아의 신앙은 미지근한 폭포수와 같다. 그러나 예수 그리스도는 마땅히 그 이상의 대우를 받으셔야 한다. 그분은 자신을 따르는 사람들이 차거나 뜨겁기를 원하신다. 예수님은 "내가 네 행위를 아노니 네가 차지도 아니하고 뜨겁지도 아니하도다. 네가 차든지 뜨겁든지 하기를 원하노라"(3:15) 하고 말씀하신다. 그리스어를 보면 의미가 더욱 명확해지는데, '차다'는 말은 얼음장처럼 차다는 뜻이고 '뜨겁다'는 말은 펄펄 끓도록 뜨겁다는 뜻이다. 예수 그리스도는 우리가 점점 식어 미지근한 맹탕이 되기보다는 차라리 끓거나 얼어붙기를 원하신다. 바울은 로마의 그리스도인들에게 "심령이 뜨거워야"(롬 12:11 흠정역) 한다고 말했는데, 이는 영적으로 비등점에 있어야 한다는 말과 같다. 바울은 이전에 아볼로에게서 그런 모습을 보았다(행 18:25). 심령이 뜨거워야 한다는 말을 모팻Moffatt은 "영적인 불기운을 간직해야" 한다고 번역했는데, 그것이 바로 우리가 되어야 할 모습이다. 또 우리는 우리 속에 있는 하나님의 은사를 "불 일 듯하게" 해야 한다(딤후 1:6). 우리의 내면에 있는 영적인 불은 언제나 꺼질 위험에 있으므로 기름을 붓고 들쑤셔서 활활 지펴야 한다.

어떤 사람들은 예수님을 위해 불타오른다는 개념을 위험한 감상주의로 보고 이렇게 말한다. "우리는 당연히 극단으로 치달아서는 안 되는 것 아닌가? 설마 우리더러 전도에 열을 올리는 광신자가 되라는 말은 아니겠지?" 물론 그것은 단어의 뜻에 따라 달라진다. '광신'이 정말 '전심'을 뜻한다면 기독교는 광신적인 종교이고 모든 그리스도인은 마땅히 광신자가 되어야 한다. 그러나 전심은 광신과는 다르다. 광신은 이성과 지식이 빠진 전심이며, 가슴만 남고 머리는 없는 것과 같다. "묵상 없는 헌신은 광신적인 행위이고 헌신 없는 묵상은 모든 행위가 마비된 것이다." 1940년에 프린스턴 대학교에서 열린 과학·철학·종교 회의에서 채택된 성명서의 끝부분에 나오는 표현이다. 예수 그리스도가 원하시고 마땅히 받으셔야 하는 것은 헌신에 이르는 묵상이요 묵상에서 나온 헌신이다. 전심, 즉 하나님을 위해 불타오른다는 것은 바로 그런 뜻이다.

고대 라오디게아 지역을 마주보는 히에라폴리스(히에라볼리)에 있는 석회암질 절벽
따뜻한 물이 흐르면서 석회질이 침착되어 만들어졌다.

열정이 필요하다

오늘날 예수 그리스도께 전폭적이고 사려 깊게 헌신할 강인하고 용감한 남녀들이 꼭 필요하다. 예수님은 지금 그것을 요구하신다. 그분은 우리에게 뜨겁지 않을 바에야 미지근하기보다 차라리 차가운 편이 낫다고까지 말씀하신다. 그분의 말뜻을 우리는 쉽게 알 수 있다. 그분이 옳으시다면, 즉 그분이 하나님의 아들로서 인간이 되셔서 우리의 죄를 위해 죽으셨고 죽은 자 가운데서 살아나셨으며 그리하여 크리스마스와 성금요일과 부활절이 무의미한 기념일로 그치지 않는다면, 우리는 마땅히 예수님께 전심으로 헌신해야 하며 그 이하로는 어떤 것도 부족하다. 이것은 우리가 사적으로나 공적으로나 주님을 첫째로 모시고, 그분의 영광을 구하며, 그분의 뜻에 순종한다는 의미이다. 무미건조한 타협으로 그분을 모욕하고 역겹게 하느니 차라리 냉담하리만큼 무관심하거나 열렬히 그분을 박해하는 것이 낫다!

사실, 교회는 '열정'을 두려워할 때가 많았다. 존 웨슬리John Wesley와 그의 친구들은 그런 현실을 잘 알았고, 웨슬리의 이전과 이후에도 많은 사람들이 알았다. 그러나 열정은 기독교에 꼭 필요한 요소다. 교회가 찬성하지 않을지라도 예수님은 그것을 적극적으로 옹호하신다. 몽롱하게 무기력하고, 냉담한 상태에 빠져 있는 우리에게 그분이 주시는 메시지는 먼 옛날 라오디게아 교회에 주신 메시지와 똑같다. "네가 열심을 내라 회개하라"(3:19). 열심, 열정, 열기, 정열, 열의야말로 오늘날 우리에게 부족한 자질이며 그래서 절실히 필요한 자질이다. 이 편지에서 예수님은 미지근함의 정체와 그것을 이기는 길, 그리고 전심을 품는 사람에게 약속된 상급을 설명해주신다. 우리는 그분의 말씀을 신중히 되새겨야 한다.

예수님이 교회에 내리시는 진단

우리는 마음을 단단히 먹고 라오디게아 교회에 대한 예수님의 생각을 들어야 한다. 그분은 "네가 말하기를 나는 부자라, 부요하여 부족한 것이 없다 하나 네 곤고한 것과 가련한 것과 가난한 것과 눈먼 것과 벌거벗은 것을 알지 못하도다"(3:17)라고 말씀하신다. 이것이 명의名醫이신 예수께서 내리신 진단이다. 미지근한 인간은 스스로 말하고 생각하는 자신의 모습과 실제 자신의 모습 사이에 커다란 괴리가 있다. 미지근함의 뿌리는 자만이며, 미지근하다는 것은 자신의 실상을 보지 못하는 것이다.

부유한 사회

라오디게아 교회에는 분명히 자기만족에 빠진 교인들이 가득했을 것이다. 그들은 "나는 부자라 부요하여 부족한 것이 없다"고 말했다. 물질적으로 보면 맞는 말이다. 라오디게아는 잘사는 도시로 유명했고, 중요한 무역로들이 만나는 비옥한 계곡에 위치해 있어 상당한 부를 축적했다. 시민들이 어찌나 부유했던지 주후 60년에 지진으로 전 지역이 폐허가 되었을 때에도 라오디게아는 로마의 원로원에 관례적인 보조금을 청원하지 않고도 즉각 재건되었다. 주민들은 상업 금융의 중심인 이 도시에 대한 자부심이 대단했다. 아스클레피오스 신전과 연관된 유명한 의술 학교도 그들의 자랑거리였다. 아리스토텔레스에 따르면, 그 학교의 "의사들은 안염 치료제로 브루기아 가루약을 개발했다." 라오디게아는 또 현지의 양 떼에서 나는 값비싼 양털로 옷감과 의복과 양탄자를 제조하기로도 유명했다. 윌리엄 램지는 그곳의 양털에 대해 "결은 부드럽고 색은 잔잔한 검은색"이라고 말했다.

라오디게아의 교만은 전염성이 있어 그리스도인들도 그 몹쓸 병에 걸렸다. 자만의 영이 교회로 스며들어 독을 뿜어댔고, 교인들은 은근히 뻐기며 자기만족에 빠졌다. 예수 그리스도는 직설적으로 그들의 속을 들추어내셔야만 했고, 그래서 그분은 말을 빙빙 돌리지 않으셨다. "네가 말하기를 나는 부자라 부요하여 부족한 것이 없다 하나 네 곤고한 것과 가련한 것과 가난한 것과 눈먼 것과 벌거벗은 것을 알지 못하는도다"(3:17). 그들은 자기들이 신앙생활을 잘하고 있다고 생각했지만 예수님은 그들을 눈멀고 벌거벗은 거지로 표현하실 수밖에 없었다. 그들은 은행이 많았어도 거지였고, 의술 학교에 눈병을 고치는 브루기아 가루약을 두고도 눈멀었으며, 피복 공장들이 있는데도 헐벗었다. 그들은 "나는 부족한 것이 없다"고 말했고 과연 황제의 보조금이 없이도 살아갈 수 있었지만, 예수 그리스도의 은혜 없이는 살아갈 수 없는 존재였다.

눈멀고 벌거벗은 거지

예수님께 정말로 혹은 전심으로 헌신하지 않은 이름뿐인 그리스도인들을 그분은 도덕적, 영적으로 눈멀고 벌거벗은 거지로 보신다. 그들이 거지인 이유는 용서를 사거나 하나님나라에 들어갈 수단이 전혀 없기 때문이고, 벌거숭이인 것은 하나님 앞에 서기에 합당한 옷이 전혀 없기 때문이다. 또 그들이 맹인인 이유는 자신의 영적인 빈곤이나 위험을 전혀 모르기 때문이다.

이것이 승천하신 그리스도께서 우리의 영적 상태에 대해 내리신 예리한 진단이다. 여기에 저항한다면 우리는 미련한 사람이다. 숙련된 의사의 신중한 진단을 반박하는 것은 재앙으로 가는 지름길이다. 그분은 "내가 네 행위를 아노니"(3:15)라고 말씀하신 후 "네가 … 알지 못하는도다"(3:17)라고 덧붙이신다. 그분은 우리 자신보다 우리를 더 잘 아신다. 우리는 듣기 좋은 말로 자신을 속이는 경향이 있지만, 그분은 우리의 참모습을 보고 아신다.

예수님이 교회에 주시는 권고

"내가 너를 권하노니"(3:18). 어쩌면 우리가 먼저 주목해야 할 사실은, 하나님은 피조물인 우리에게 권고하는 선에서 만족하시는 분이라는 점이다. 나는 이 구절을 읽을 때마다 묘한 감동을 느낀다. 그분은 광활한 우주를 다스리시는 크신 하나님이며, 무수한 은하수의 별들을 훤히 꿰고 계신다. 하늘과 그 하늘의 하늘이라도 그분을 다 담을 수 없다. 그분은 만물을 창조하시고 붙들고 계시는 만군의 하나님 여호와시다. 그런 그분이 우리에게 복종을 명하실 권리가 있는데도 오히려 권고라는 방법을 택하시고, 명령하실 수 있는데도 일부러 권하신다. 그분은 자유를 주셔서 우리를 존귀하게 하셨고 그 자유를 존중하신다.

그러나 동시에 그분은 우리의 자만이 불러올 심각한 결말을 경고하신다. 그분의 취지는 우리를 겁주어 복종시키시는 것이 아니라 우리가 내리는 선택의 엄중성을 알게 하시는 것이다. "네가 이같이 미지근하여 뜨겁지도 아니하고 차지도 아니하니 내 입에서 너를 토하여버리리라"(3:16). 물론 이것

은 비유적인 표현이지만 그렇다고 그 안에 담긴 의미가 사라지는 것은 아니다. 미지근한 액체를 마시면 속이 메스꺼워진다. 맛없는 정도가 아니라 몹시 역겹다. 예수님은 그런 혐오감을 비유적으로 강력하게 표현하신 것이다. 예수님과의 관계가 순전히 이름뿐이고 피상적인 사람들을 그분은 단호히 내치실 것이다. 광야의 이스라엘 백성을 향한 하나님의 심정을 담아낸 시편 95편의 표현이 생각난다. "내가 사십 년 동안 그 세대로 말미암아 근심하여"(10절). 여기에 쓰인 '근심하다'라는 동사의 뜻은 가히 충격적이다. 개정표준역RSV에는 '염증이 났다'로 번역되어 있다. 그렇다고 하나님의 진노에 사사로운 악의나 원한이나 앙심이 묻어 있다는 뜻은 아니다. 다만 이 히브리어 단어에는 역겨움과 혐오감이 담겨 있어, 하나님이 인간의 위선과 죄악에 대해 느끼시는 강력한 도덕적 불쾌감을 보여준다.

황량한 폐허

라오디게아 교회가 이 경고를 귀담아 들었는지 아닌지는 알 수 없다. 그러나 한때 번창하고 자만했던 도시가 지금은 황량한 폐허가 된 것만은 분명하다. 20세기의 한 여행객은 "라오디게아 지역의 폐허와 을씨년스러운 모습을 능가하는 것은 아무것도 없다"고 말했다. 트렌치 대주교는 그 광경을 이렇게 생생히 묘사했다. "지금은 모든 것이 자취를 감추었다. 에베소의 촛대를 옮기신 분이 라오디게아를 입에서 토해내셨다. 광활한 지역에 널브

번영하던 상업 중심지 라오디게아의 유적은
오늘날 극히 일부만 남아 있다.

러진 수로들과 극장들의 잔해만이 지난날 이 도시의 영광을 말해 준다. 그나마 한때 유명했던 그 교회는 흔적조차 없다."

그러나 우리는 심판이 두려워서만이 아니라 경고를 발하시는 분을 공경하는 마음에서 하나님의 경고를 귀담아 들어야 한다. 그분이 이 편지의 첫머리에 자신을 어떻게 소개하시는지 보라. "아멘이시요 충성되고 참된 증인이시요 하나님의 창조의 근본이신 이가 이르시되"(3:14). 그분은 아멘이시다. 동의를 의미하는 부사인 이 히브리어 단어는 '실로, 참으로'라는 뜻으로 상대의 말이나 행동에 찬성함을 나타낸다. 예수께서 "내가 진실로 진실로 너희에게 이르노니"라는 유명한 어구에 사용하신 단어가 바로 이 단어다. 그러나 이제 그분은 '아멘'을 말씀하실 뿐만 아니라, 아멘 그 자체이시다. 그분의 사역은 하나님의 모든 약속을 성취한다. "하나님의 약속은 얼마든지 그리스도 안에서 예가 되"기 때문이다(고후 1:20). 따라서 그분의 말씀이 확실함은 그분의 성품이 확고하기 때문이다. 그분은 변덕스럽거나 종잡을 수 없는 분이 아니며, 기분에 따라 함부로 말하거나 행하시는 법이 없다. 불쑥 말부터 뱉어놓고 나중에 주워 담거나 바로잡아야 할 일이 그분께는 한 번도 없었다. 그분은 언행이 완벽하게 일치되신 분이다.

나아가 그분은 '충성되고 참된 증인'이시다(3:14; 참조. 1:5). 그분의 말씀은 참되기에 믿을 만하다. 니고데모와 대화하실 때 그분은 "우리는 아는 것을 말하고 본 것을 증언하노라"(요 3:11) 하고 단언하셨다. 그래서 그분의 증언을 우리는 받아야만 한다. 그분이 하시는 말씀은 정확하고 확실한 증언이다.

예수님은 바로 그런 분이시다. "아멘이시요 충성되고 참된 증인이시요 하나님의 창조의 근본"이시다. 그런 분의 권고를 우리가 어떻게 무시할 수 있겠는가? 그분은 거짓말하실 수 없으며, 진실을 아시고 진실대로 말씀하신다. 그분의 충고를 무시하는 것보다 어리석은 짓은 없다.

상인이 되신 예수님

그렇다면 그분의 권고는 어떤 내용인가? "내가 너를 권하노니 내게서 … 사서"(3:18). 여기서 잠시 멈춰보자. 우리는 '내게서'라는 말이 강조되고 있음을 놓쳐서는 안 된다. 라오디게아 사람들은 무엇보다도 이것을 먼저 배워야 했다. 그들은 스스로 충족한 줄 알지만 사실은 예수님에게서 겸손히 충족을 찾아야 한다. 그들은 "나는 … 부족한 것이 없다"라고 말하고 있지만 사실은 자신들이 몹시 궁핍하며 예수님만이 그것을 채우실 수 있음을 인정해야 한다. 그들은 "나는 부자다, 나는 부요하다, 나는 부족한 것이 없다"고 말했다. 그래서 예수님은 그 도도한 '나'라는 인칭대명사를 바닥에까지 낮추신 뒤 "너희의 구원은 '내게서' 온다"고 말씀하지 않으실 수 없었다. 일찍이 하나님이 에브라임에게 "네가 나로 말미암아 열매를 얻으리라"(호 14:8)고 하신 말씀이나, 예수님이 열두 제자에게 "나를 떠나서는 너희가 아무것도 할 수 없음이라"(요 15:5)고 하신 말씀을 그분이 여기서 되풀이하신 셈이다.

그런데 그분은 라오디게아 사람들에게 왜 하필 사라고 권하신 것일까? 구원을 살 수 있다는 말인가? 물론 아니다. 구원은 예수님이 십자가에서 값을 치르셨기 때문에 우리에게는 값없는 선물이다. '내게서 사라'고 권유하신 표현에 너무 집착할 필요는 없다. 말할 것도 없이 그분은 상업에 익숙한

고대 도시 라오디게아에 물을 공급하던 송수관
관 안쪽에 석회질이 침착되어 있다.

라오디게아 사람들에게 꼭 맞는 표현을 쓰신 것이다. 그분은 도시를 찾아와 물건을 파는 상인에 자신을 빗대시며 다른 상인들과 경쟁에 나서신다. 상인이 되신 예수님은 "내가 너를 권하노니 이전의 장사꾼들을 버리고 나와 함께 무역하자"고 말씀하신다. 그분은 또 일찍이 여호와께서 이렇게 호소하셨던 일을 생각하셨는지도 모른다. "너희 모든 목마른 자들아 물로 나아오라. 돈 없는 자도 오라. 너희는 와서 사 먹되 돈 없이, 값없이 와서 포도주와 젖을 사라"(사 55:1).

그래서 예수님의 말씀은 이렇게 이어진다. "내가 너를 권하노니 내게서 불로 연단한 금을 사서 부요하게 하고 흰옷을 사서 입어 벌거벗은 수치를 보이지 않게 하고 안약을 사서 눈에 발라 보게 하라"(3:18). 벌거벗고 눈먼 거지들에게 얼마나 반가운 소식인가! 그들은 가난하지만 예수님께 금이 있고, 그들은 벌거벗었지만 예수님께 옷이 있으며, 그들은 눈멀었지만 예수님께 안약이 있다. 더 이상 은행이나 브루기아의 눈약이나 피복 공장을 믿지 말라! 그 대신 예수님께 오라! 그분은 가난한 그들을 부요하게 하시고, 헐벗은 그들을 입히시며, 눈먼 그들을 고치실 수 있다. 그분은 그들을 눈뜨게 해 꿈에도 몰랐던 영적인 세계를 보게 하실 수 있다. 그분은 그들의 죄와 수치를 덮어 빛 가운데 성도의 기업에 동참하기에 합당한 자들로 만드실 수 있다. 또 그분은 생명과 풍성한 삶으로 그들을 부요하게 하실 수 있다. 한마디로 예수님은 그들을 구원하실 수 있다. 그분은 그들을 위해 죽으시고 다시 살아나신 분이다. 그들은 그분의 죽음을 통해 깨끗해질 수 있고, 자신들 안에 살아 계신 그분의 임재를 통해 변화될 수 있다.

두 가지 조치

어떻게 하면 그렇게 될 수 있을까? 라오디게아 교회는 두 가지 조치를 취해야 했다. 첫째는 3장 19절에 나오는데, 주 예수님은 계속해서 "무릇 내가 사랑하는 자를 책망하여 징계하노니 그러므로 네가 열심을 내라 회개하라"고 말씀하신다. 우선 회개해야 한다. 예수님은 이미 에베소와 사데의 교인들에게 회개를 명하셨는데(2:5; 3:3) 라오디게아에도 똑같은 메시지를 주신다. 이는 어물쩍 넘어갈 수 없는 준엄한 명령이다. 그러나 분발하지 않으면 그들을 입에서 토하여버리겠다고 경고하시는 예수님은 그들을 사랑하시는 분이다. 사실 그분이 지금 그들을 책망하고 혼내시는 이유도 최후의 심판에서 구원하기를 간절히 원하시기 때문이다. 그러므로 그들은 "열심을 내고 회개해야" 한다. 중요하게도 여기서 시제가 바뀐다. 그들은 당장 회개해야 할 뿐 아니라 그 돌이킬 수 없는 회개를 기점으로 앞으로는 늘 열정으로 불타야 한다. 회개란 하나님의 뜻에 어긋나는 모든 것을 버리고 단호히 돌아서는 것이다. 라오디게아 사람들처럼 우리도 안이하고 자만하던 옛 생활을 버려야 한다. 예수님의 이름을 품은 사람에게 도도한 자기만족이란 있을 수 없다. 얄팍한 경건으로 구원받은 인간은 없으며 천국에는 위선자가 없다. 그러니 우리도 그런 것들을 버려야 한다. 예수님이 우리를 그분의 입에서 토해내시기 전에 우리가 그런 것들을 우리의 입에서 토해내야 한다.

첫째 조치가 회개라면 둘째는 믿음이다. 신약성경이 믿음이라 부르는 헌신이 정확히 무엇인지 예수님은 여기서 분명하고 생생하게 설명하신다. "볼지어다. 내가 문밖에 서서 두드리노니 누구든지 내 음성을 듣고 문을 열면 내가 그에게로 들어가 그와 더불어 먹고 그는 나와 더불어 먹으리라"

(3:20). 이것은 개인적인 초청이다. 이 말씀은 교회에 주신 것이지만 교회의 각 구성원들에게 적용된다. 그래서 예수님은 '누구든지'라고 말씀하신다. 우리의 마음이나 영혼은 사람이 사는 처소에 비유된다. 우리는 저마다 내 집은 내가 다스리며 내 성城의 군주가 되기를 좋아한다. 그러나 살아 계신 예수님은 우리를 찾아오신다. 우리를 입에서 토해버린다고 엄포를 놓으시는 그분이 지금 우리의 대문 앞에 서서 두드리신다. 그분은 우리 안에 들어오기를 원하신다. 우리 영혼의 연인이 방문하신 것이다. 아가서에 나오는 사랑의 장면이 재현된다. "나의 사랑하는 자의 소리가 들리는구나. 문을 두드려 이르기를 나의 누이, 나의 사랑, 나의 비둘기, 나의 완전한 자야 문을 열어다오. … 내 사랑하는 자가 문틈으로 손을 들이밀매 내 마음이 움직여서 일어나 내 사랑하는 자를 위하여 문을 열 때 …"(아 5:2-5).

거지에서 왕자로

우리가 마음의 문을 열고 예수 그리스도를 모셔 들이면 그분은 우리의 거지 생활을 끝내주시고 우리를 거지에서 왕자로 바꾸어주신다. 그분은 우리를 씻어 옷을 입히시고 우리와 함께 잡수시며 우리는 그분과 함께 먹는다. 이 그림은 기쁨을 공유하는 그리스도인의 삶, 신자들이 그분과 함께 누리는 교제를 보여준다. 함께 먹자고 불러주시는 것만도 영광인데 그분이 우리의 누추한 집에까지 오셔서 함께 드시다니, 우리의 짧은 이해로는 상상할 수도 없는 놀라운 일이다.

우리는 그분을 집 안에 모실 자격이 없는데도 그분은 굳이 우리의 식탁에 앉으신다. 성만찬은 이 내적인 잔치를 외적으로 보이는 성례다. 예수님과 동석하여 그분을 먹고 마시는 영적인 잔치는 그분의 사람들이 누리는 영원한 특권이다. 빵을 먹고 포도주를 마시는 것은 그 영적인 잔치를 물리적으로 표현하는 방식일 뿐이다. 교회의 성찬 테이블 앞에 무릎을 꿇는 것은 우리의 마음속에서 그분과 단둘이 나누는 식사를 외적으로 공표하는 것이다. 이 내적인 잔치와 외적인 성찬은 모두 요한계시록에 "어린 양의 혼인 잔치"라 표현된 천국 연회의 맛보기에 지나지 않는다(계 19:9; 참조. 눅 2:30).

집의 주인

그러나 예수님이 인간의 영혼 안에 들어오심은 먹기 위해서만이 아니라 주권을 행사하기 위해서다. 그분은 구원을 베풀러 오시지만 또한 우리의 복종을 받으러 오신다. 그분은 들어와 거주하실 뿐만 아니라 다스리시며, 따라서 우리는 어떤 방도 잠가둘 수 없다. 그분은 우리를 얻으셨고 집의 주인이시다. 우리의 지붕 위에는 그분의 깃발이 나부긴다. 그리스도께 헌신

열주가 늘어선 라오디게아
중앙 대로의 유적

한다는 것, 전심으로 충성한다는 것이 바로 그런 뜻이다. 그것은 그분의 주권에 무조건 복종하는 것이고, 말씀에서 그분의 뜻을 찾아 바로바로 순종하는 것이다. 그것은 중요한 절기에는 물론이고 일요일에 두 번씩, 심지어 날마다 그저 예배에 참석하는 것이 아니다. 단정한 삶을 살아가거나 특정한 내용의 신조를 믿는 것만도 아니다. 예수님께 전심으로 충성한다는 것은 먼저 회개한 다음, 즉 알고 있는 모든 죄에서 단호히 돌아선 다음에 문을 열어 예수 그리스도를 안으로 모시는 것이다. 그것은 금과 옷과 안약을 그분에게서 받는 것이고, 나의 인격을 그분께 무조건 바치는 것이다. 그분을 첫째로 삼아 공적으로나 사적으로나 모든 생활에서 기쁘시게 해드리고자 하는 것이다. 여기에 미치지 못한다면 그 어떤 것도 안 된다.

우리가 뜨거운지 차가운지 미지근한지는 주 예수 그리스도께 인격의 문을 열어드렸는지 여부에 달려 있다. 이것은 그리스도인의 삶의 시작일 뿐이지만 절대 없어서는 안 되는 시작이다.

예수님이 교회에 약속하시는 미래

이전의 여섯 편지와 마찬가지로 라오디게아 교회에 보낸 편지도 이기는 사람, 즉 예수님의 메시지를 듣고 삼가 순종하는 남녀에게 주시는 은혜의 약속으로 끝난다. "이기는 그에게는 내가 내 보좌에 함께 앉게 하여주기를 내가 이기고 아버지 보좌에 함께 앉은 것과 같이 하리라"(3:21). 이러한 미래는 영광의 측면에서 보자면, 여태껏 이기는 사람에게 주신 다른 모든 약속을 능가한다. 보좌는 승리와 권세의 상징이다. 예수님은 "세상이 새롭게 되어 인자가 자기 영광의 보좌에 앉을 때에" 그분을 따른 열두 제자들도 "열두 보좌에 앉아 이스라엘 열두 지파를 심판하리라"고 약속하셨다(마 19:28). 이제 이 약속은 충성하여 이기는 모든 그리스도인에게 주어진다. 예수님이 세상과 마귀를 이기시고 아버지의 오른편에 들리신 것처럼 그리스도인들도 이기면 영광을 얻을 것이다. 예수님이 아버지의 보좌에 앉으신 것처럼 그리스도인들도 예수님의 보좌에 앉을 것이다. 그들에게 정확히 어떤 권세가 주어질지는 나와 있지 않지만 어떤 식으로든 그들은 천국에서 책임을 맡게 될 것이다.

우리가 예수님을 우리 마음의 집에 들이면 그분은 우리를 아버지의 집에 들이신다. 나아가 우리가 예수님을 우리의 식탁에 앉게 해드리면 그분은 우리를 자신의 보좌에 함께 앉히신다.

중대한 선택

그렇다면 여기에 중대한 선택이 있다. 생각이 있는 사람이라면 누구나 부딪히는 선택이다. 미지근하게 자만에 젖어 하나님의 것들에 관심이 있는 둥 마는 둥 한다면 그것은 자신이 전혀 그리스도인이 아니라는 증거다. 오히려 무참히 내쳐질 위험에 처할 정도로 예수님께 역겨운 존재라는 증거다. 그러나 문을 열고 예수님께 무조건 복종하며 전심으로 헌신하는 사람은 지상에서 그분과 함께 먹고 천국에서 그분과 함께 다스리는 특권을 누린다. 이것은 우리가 피할 수 없는 선택이다.

3장의 마지막 절에서 예수님은 이렇게 말씀하신다. "귀 있는 자는 성령

오늘날 예루살렘의 길거리 풍경

이 교회들에게 하시는 말씀을 들을지어다"(3:22). 이 말씀은 각 편지마다 조금도 다르지 않게 추신처럼 되풀이된다. 예수님이 공생애 중에 사용하신 "들을 귀 있는 자는 들으라"(막 4:9)라는 특이한 표현을 상기시키는 말씀이다. 요한계시록의 표현도 "성령이 교회들에게 하시는 말씀"이 더해진 것만 빼고는 거의 같다. 편지를 구술하신 분은 예수님이지만 메시지는 성령의 말씀이다. 옛적에 선지자들을 통해 말씀하셨고, 신약의 계시에서 사도들을 통해 말씀하신 성령이 이제 교회들에게 성자 예수님의 명령을 전하신다.

또 하나 주목할 것이 있다. 편지마다 수신하는 교회가 다른데도 종결하는 문구는 매번 '교회들'로 되어 있다. 각 교회에 주시는 개별적인 메시지는 모든 교회에 주시는 보편적인 도전이기도 하다. 메시지가 서로 다른 것은 각 교회가 처한 상황 때문이지 저자이신 예수님의 목표가 달라서가 아니다. 그분의 교회를 향한 그분의 뜻은 어느 시대, 어느 장소, 어느 교회에나 동일하다. 이 긴박한 메시지에 귀를 기울이지 않는 것은 어리석은 일이다. "귀 있는 자는 성령이 교회들에게 하시는 말씀을 들을지어다."

"내가 곧 성령에 감동되었더니 보라,
하늘에 보좌를 베풀었고 그 보좌 위에 앉으신 이가 있는데"
–
계 4:2

*What Christ
Thinks of the
Church*

CONCLUSION
맺는 말

요한계시록 4:1-2

1 이 일 후에 내가 보니 하늘에 열린 문이 있는데 내가 들은바 처음에 내게 말하던 나
  팔 소리 같은 그 음성이 이르되 이리로 올라오라. 이 후에 마땅히 일어날 일들을 내
  가 네게 보이리라 하시더라.

2 내가 곧 성령에 감동되었더니 보라, 하늘에 보좌를 베풀었고 그 보좌 위에 앉으신 이
  가 있는데

로마에 있는 콜로세움
로마 제국의 세력을 짐작하게 하는 가장 유명한 건축물 중 하나다.

Conclusion

"보라, 하늘에 보좌를 베풀었고…"
—
4:2

지금까지 우리는 예수님이 생각하시는 교회상을 살펴보았다. 그러면서 우리는 교회의 특징이 되어야 할 표지들을 생각해보았는데 그것은 예수님을 향한 사랑, 그분을 위해 고난받으려는 각오, 교리적인 진리, 거룩한 삶, 내면의 실체, 전도 활동, 범사에 타협을 모르는 전심 등이다. 우리는 안으로 죄와 오류와 무기력에 짓눌리고 밖으로는 환난과 박해에 짓눌린 교회를 보았다. 니골라당, 발람의 무리, 여자 이세벨, 그리고 그들의 배후에 도사리고 있는 사탄의 악한 속셈과 행위도 살펴보았다. 소아시아의 그리스도인들이 피할 수 없던 예수님과 카이사르 사이의 딜레마도 우리는 여러 번 보았다. 그들이 박해 속에서 견고히 선다는 것은 어려운 일이었다.

하나님의 보좌

그러나 그들을 거기에 두어서는 안 된다. 요한계시록 4장에 접어들면 우리의 시선은 지상의 교회에서 천상의 교회로, 깜박이는 촛대 사이에 계신 예수님에게서 하나님의 불변하는 보좌 곁에 계신 예수님에게로 옮겨 간다. 요한은 "이 일 후에 내가 보니 하늘에 열린 문이 있는데"(4:1)라고 기록했다. 요한은 이 계시의 문을 통해 보았다. 하나님의 주권을 상징하는 보좌를 보며 그의 눈은 빛났다. "보라, 하늘에 보좌를 베풀었고 그 보좌 위에 앉으신 이가 있는데"(4:2).

소아시아의 교회들은 작고 연약했다. 반면에 로마의 힘은 무한해 보였다. 그리스도인들을 지면에서 쓸어버리라는 황제의 칙령이라도 떨어진다면 무방비 상태에 있는 소수의 신자들이 무엇을 어찌할 수 있을까? 어둠의 세력은 이미 그들을 바짝 조여오는 듯했다. 숲의 나무들이 바람에 떨듯이 그리스도인들의 마음은 떨리기 시작했다.

그러나 그들은 전혀 두려워할 필요가 없다. 우주의 한가운데에 보좌가 있다. 공전하는 별들은 그 보좌에서 지령을 받고, 광활한 은하수들은 그 보좌에 충성을 바친다. 미세한 생물체들은 그 보좌에서 생명을 얻고, 천사들과 인간들을 비롯하여 위로 하늘과 아래로 땅에 있는 모든 피조물은 그 보좌 앞에 겸손히 엎드려 경배한다. 하나님의 언약의 무지개가 그 보좌를 두르고 있고, 스물네 장로들이 앉은 또 다른 스물네 보좌가 그 보좌를 둘러싸고 있다. 물론 스물네 장로는 구약의 열두 지파와 신약의 열두 사도, 즉 완성되고 완전해진 교회를 나타낸다.

영원히 안전한 교회

요한계시록의 다음 장들(4-7장)을 보면, 하나님의 백성이 영원히 안전하다는 사실을 전혀 의심할 필요가 없다. 영원하신 아버지께서 경배하는 천군들에 둘러싸여 보좌에 앉아 계신다. 운명의 책이 예수님의 손안에 있어 그분이 그 책의 인을 떼지 않으시는 한 인류에게 어떤 재앙도 닥칠 수 없다. 나아가 성령께서 인을 치신 사람들에게는 심판의 바람이 불어닥칠 수 없다. 이것들은 다 하나님의 주권을 상징한다. 성 삼위일체 하나님이 교회의 영원한 안전을 보장하신다.

그리하여 마침내 선한 싸움을 다 싸우고, 달려갈 길을 다 마치고, 심지어 필요하다면 예수님의 이름을 위해 죽기까지 한 우리는 대환난을 벗어날 것이며 더는 고난을 맛보지 않는다. 우리는 승리한 교회에 동참하는데, 그분이 모든 나라와 족속과 백성과 방언 가운데서 취하신 그 교회는 아무도 능히 셀 수 없는 큰 무리다. 우리는 그들과 함께 하나님의 보좌 앞에 선다. 온 우주의 왕께서 자신의 보좌를 우리의 안식처와 피난처로 내주신다. 거기서 우리는 그분을 보며 밤낮으로 성전에서 그분을 예배한다. 어린 양이 목자가 되어 다른 모든 양과 한가지로 우리를 생수의 샘물로 인도하신다. 거기 영생의 샘에서 우리는 영원히 갈증을 풀 것이다.

에게 해 연안의 도시 보드룸의 항구 저편으로 해가 지는 풍경
과거 이곳은 할리카르나소스라고 불렸다.

JOHN STOTT
What Christ
Thinks of the
Church

●사진 제공 : 홍순화
8, 32, 48, 54, 65, 76, 82, 108, 114, 142, 168, 186, 206, 222, 226